Hugo Oschinsky

Der Ritter unterwegs und die Pflege der Gastfreundschaft im Alten Frankreich

Hugo Oschinsky

Der Ritter unterwegs und die Pflege der Gastfreundschaft im Alten Frankreich

---

ISBN/EAN: 9783845745923

Erscheinungsjahr: 2012

Erscheinungsort: Barsinghausen, Deutschland

www.unikum-verlag.de | info@unikum-verlag.de

Printed in Germany

Bei diesem Titel handelt es sich um den Nachdruck eines historischen, lange vergriffenen Buches. Da elektronische Druckvorlagen für diese Titel nicht existieren, musste auf alte Vorlagen zurückgegriffen werden. Hieraus zwangsläufig resultierende Qualitätsverluste bitten wir zu entschuldigen.

Hugo Oschinsky

Der Ritter unterwegs und die Pflege der Gastfreundschaft im Alten Frankreich

Der Ritter unterwegs

und

die Pflege der Gastfreundschaft im Alten Frankreich.

INAUGURAL-DISSERTATION

ZUR

ERLANGUNG DER DOCTORWÜRDE

DER

HOHEN PHILOSOPHISCHEN FACULTÄT

DER VEREINIGTEN FRIEDRICHS-UNIVERSITÄT

HALLE-WITTENBERG

VORGELEGT

VON

HUGO OSCHINSKY

AUS BERLIN.

HALLE A/S. 1900.

Die altfranzösischen Romane bilden eine unversiegbare Quelle für unsere Kenntnis des Alten Frankreichs. Aus ihr haben schon La Curne de Sainte-Palaye, besonders aber Schultz, Viollet-le-Duc und Gautier geschöpft, um uns ein umfassendes und anziehendes Bild mittelalterlichen Lebens in allen seinen mannigfaltigen Formen zu entwerfen. Aber auch zu eingehenderen Forschungen über besondere Seiten und Eigentümlichkeiten des altfranzösischen Lebens haben sie vielfach angeregt.

Die Breite, die Anschaulichkeit und vor allen Dingen die kindliche Treue, mit welcher die Verfasser ihre Zeit malen, machen dieses Interesse wohl begreiflich. Mögen sie uns von Helden ganz anderer Völker erzählen, mögen sie ihre Erzählung um Hunderte von Jahren zurückverlegen, sie täuschen uns nicht; nur die Aufschrift, die Namen sind fremd, die Erzählung der Ereignisse selbst trägt unverkennbar die Färbung ihrer Zeit und ihres Landes. So heifst es z. B. im Partonopeus de Blois von Nestor 215: Buens clers ert et bons cevaliers. Im Auberon erzählt uns der Dichter von Judas Machabeus 58—60: Chevaliers fu lues que XX. ans passa, Et cel an ses 11 freres adouba, Les poingneis et les tournois aima, und Brunchaut sagt zu ihrem Vater Judas, 621: Peres gentis, fleurs de cheualerie.[1])

Die altfranzösischen Dichter sind eben ganz Kinder ihrer Zeit. Ohne geschichtliche und geographische Kenntnisse, wenn wir von den wenigen Daten, welche ihnen oberflächlich bekannt waren, absehen, konnten sie eben nichts anderes schildern, als was sie vor Augen hatten, die Welt, in welcher sie lebten und atmeten, mit ihren gesellschaftlichen Formen, Sitten und Anschauungen.

[1]) Jos. v. Arim. 58. — Gaufrey 3217. — Rom. d'Alix. 414, 17; 431, 22; 516, 13. — Dolopathos 1312 ff.; 2949.

Singend und sagend von Stadt zu Stadt, von Schloſs zu Schloſs wandernd,[1]) hatten die menestrels die beste Gelegenheit, alle Klassen des Volkes, besonders den vornehmen Teil, die ritterliche Gesellschaft, genau kennen zu lernen, und so können wir sie denn mit ihren Angaben über Lebensanschauungen, Sitten und Gewohnheiten dieser Gesellschaft, über ihr Leben drauſsen und zu Hause als genaue Kenner und zuverlässige Quellen ansehen.

Sie erheben auch Anspruch darauf, wenn Raoul de Houdenc in seinem roman des eles die Frage (V. 55): Ques conoist dant? (d. h. die chevaliers) beantwortet mit: Li conteor, Li hiraut et li vileor. De chiauz dist Raols de Hosdent, Ke sont esproveit merestent (i. e. pierre de touche nach Scheler's Erklärung), De chevalerie esprover.

Vorliegende Arbeit will die Art und Weise des Reisens im Alten Frankreich zeigen, veranschaulichen, wie die ritterliche Gesellschaft unterwegs lebte, und wie sie sich dem Fremden, dem Reisenden und wieder namentlich dem Standesgenossen gegenüber benahm.

Mancherlei konnte den Ritter bewegen, seine Burg zu verlassen. Das Bedürfnis, sein Gewissen durch eine Wallfahrt zu irgend einem Heiligen zu reinigen, Reisen zu Freunden und Verwandten, zur Regelung geschäftlicher Angelegenheiten, die Verpflichtung, der Aufforderung des Lehnsherrn zur Teilnahme an einem Feste oder kriegerischen Unternehmen Folge zu leisten, mehr aber noch das dringende Verlangen, ein wahrer Durst nach Abenteuern, nach Auszeichnung und Geldgewinn in ritterlichen Kämpfen und Turnieren trieb ihn hinaus.[2])

Die Pflicht forderte sogar von demjenigen, welcher preus und courtois sein wollte, daſs er nicht träge zu Hause liegen, sondern hinausziehen und sich Ruhm und Ehre erwerben solle.[3]) Selten, sehr selten heiſst es von einem Ritter: Il n'estoit mie tornoyeres (Méon, Nouv. Rec. I p. 92 v. 29).

Dazu kam noch für die jüngeren Söhne auch der Wohlhabenderen die Notwendigkeit, sich in der Fremde das zu ver-

---

[1]) Cleom. 13914; 12322. — [2]) Durm. li G. 6136. — Chast de C. 3746. — Brun de la Mont. 3022; 920. — Baud. de C. III p. 19, 13. — Cl. et L. 421. — [3]) Chast de C. 5019. — Baud. de C. II p. 319, 520. Das lag schon im Begriff „chevalier“. Gilles de Ch. 548: Et dist que chevalier estoient Qui aloient por lor pris querre As tornois par estrangez terre.

schaffen, was ihnen das Feudalrecht zu Hause versagte: Besitz. Li rois de Franche a guerre, ce ai ie oi conter. Le matin m'en irai vers Orliens la chite Veoir se la pooie saudees conquester, sagt Aiol zum forestier Tieri (Aiol 1749), nachdem er ihm vorher (1741) erklärt hat: Je sui uns chevaliers, plus poure ne veres. Und Philippe de Remi geht in seiner Einleitung zu Jehan et Blonde scharf ins Gericht mit den jungen, namentlich unvermögenden Edelleuten, die träge und gleichgültig zu Hause bleiben, anstatt hinaus in die Fremde zu ziehen und sich Ehre und Reichtum zu erwerben. Vous aves maint homme veu, predigt er ihnen (17), S'il ne se fuissent esmeu Hors de leur lieu, que ja ne fussent si honere ne tant n'eussent De sens, de richesse, d'avoir; Car cascuns moustre son savoir Miex en autre pais qu'el sien Et plus tost en vient a grant bien. Quant povres jentiex hom demeure En son pais une seule heure, On li devroit les iex crever; Car il ne fait fors que grever Lui et tous ses parens qui l'aiment, Et li autre caitif le claiment Et eskieuent sa compaignie. Li hom qui demeure en tel vie Et d'oneur aquerre precheus Et chaitis et maleureus. Ou pour s'ame sauver se rende Ou a honeur conquerre entende. Sie sollen ihm nur nicht mit der Ausrede kommen: „Je ne sai u aler!“ — De chou le doit on mout blasmer; Car cascun jor ot on retraire C'on a de bone gent afaire Outre mer ou en le Mouree Ou en mainte estrange contree.[1])

Man reiste zu allen Zeiten. Die Überzeugung, daſs einige Monde weniger, andere besser zu Reisen geeignet seien, muſs sich wohl auf den gelehrten Verfasser des Lunaire, que Salemons Fist (Méon, Nouv. Rec.) beschränkt haben, da ich nirgends sonst Spuren und Andeutungen einer allgemeinen Verbreitung dieser Wissenschaft gefunden habe.

Bei der damaligen recht unbequemen und umständlichen Art des Reisens ist es natürlich, daſs man im Winter nur im äuſsersten Notfalle die schützenden Mauern der Burg mit ihrem riesigen Kamin, in welchem die mächtigen Scheite flammten, verlieſs.

Erwachte aber des Lenzes linder Hauch, erstrahlte die Frühlingssonne wieder hell am blauen Himmelsgewölbe und öffnete die Knospen der Blätter und Blüten, zwitscherten erst wieder die bunten Vögelchen im neu mit Grün und Blumen sich schmückenden Hag, dann drängte es mit Macht hinaus, dann belebten sich die

---

[1]) Rich. li B. 3290.

Strafsen. Ostern bezeichnete den Beginn der Reisezeit. Zu Ostern oder bald darauf wurden die ersten Turniere und die ersten gröfseren Festlichkeiten abgehalten,[1]) welche dann zu Pfingsten ihren Höhepunkt erreichten. „A cele feste, qui tant coste, Qu'an doit clamer la Pentecoste“ ist eine wohl bekannte Stelle des chev. au lyon.[2])

Zog ein vornehmer, reicher Herr über Land, so erforderte es seine Stellung, dafs er sich mit einem zuweilen recht ansehnlichen Gefolge von Rittersgenossen, Knappen, Knechten und Dienern aller Art umgab[3]); und ging es zu einem fröhlichen Turniere oder sonst einem Feste, dann schlossen sich zur Gesellschaft und zur Erhöhung des Glanzes noch eine Anzahl schöner Frauen dem Zuge an[4]).

Für eine solche Schar bedurfte es natürlich eines grofsen Aufgebotes von Reit- und Lasttieren und anderen Hilfsmitteln, und lange vor dem Antritt der Reise begann man mit den Zurüstungen. Die Reise nahm in den meisten Fällen mehrere Tage in Anspruch, und da man unterwegs möglichst wenig von seinen Bequemlichkeiten entbehren wollte, auf die Herbergen aber, wie wir weiter unten sehen werden, nicht allzugrofse Hoffnungen setzen durfte, mufste man sich reichlich mit allem Nötigen, mit Nahrungsmitteln und Getränken, mit Geräten für das Bereiten der Speisen unterwegs, auch mit Zelten und Betten für das Übernachten im Freien versehen, denn es war nicht gewifs, ob man gerade zur Zeit eine Stadt erreichen und darin eine für einen vornehmen Herrn geeignete Unterkunft finden würde[5]).

---

[1]) Milun (Lais d. Marie de F.) 382. — Chaitivel, 72. — [2]) Horn et R. p. 20. — Ch. au cygne, II, 1760. — Oct. 49. — [3]) Viol. 697. — Ch. au cygne, II, 1757. — Huon de B. 542. — Li B. Desc. 3818. — Baud. de C. II, 214, 1465. — Cl. et L. 5737: Im Perceval führt sogar der König Morgan von seiner Gewohnheit, immer nur in Begleitung von 100 Rittern auszuziehen, den Beinamen: Rois de C. chevaliers. 38906. — Joufr. 2274. — Rou. II. 2996. — Chev. au c. II. 766. — [4]) Chast. de C. 920; 958. — Cleom. 16748. — Horn et R. p. 20. — [5]) Cleom. 5113; 5647. — Chev. au C. 3085. — Fierabras 5113. — Gilles de Ch. 2734. — Joufr. 914. — Karls Reihe 83. — Prise de P. 5658; 5807. — Nouv. fr. en pr. du XIIIe sc. (La Comt. de P.) p. 170. — Esc. 714. — Baud. de S. XXV. 366. — Gayd. 972: Wein und Bier wurden in Fässern, Schläuchen oder Flaschen mitgenommen. — Chev. as II. e. 8832. — Cleom. 13518; 13523. — Chev. as II. e. 3602. — Guil. de P. 3335.

Bei Reisen zu Lande mochte man es oft nicht für nötig halten, viel Mundvorrat mitzunehmen; man verliefs sich darauf, dafs sich unterwegs Gelegenheit zum Einkaufe des Notwendigsten bieten würde[1]). So erklärt es sich vielleicht, dafs, während bei Seereisen fast immer genau angegeben wird, dafs die Reisenden sich mit Lebensmitteln, mit farine, char salee, pain, vin, bescuit, versehen, diese Angaben bei Reisen zu Lande sich seltener finden[2]).

Dafs man sich auch mit baren Mitteln, maint esterlin monnee (Dont on paiera sa despense, Qu'a mener bele vie pense; Manek. 2612 ff.), versah, versteht sich von selbst und geht auch aus einigen bereits oben angeführten Stellen hervor[3]).

Übrigens kann es scheinen, als ob das Reisen an und für sich zur damaligen Zeit keine sehr kostspielige Sache gewesen sei. Aus der Zeit vor dem XVI. Jahrhundert fehlen zwar genauere Angaben über diesen Punkt, aber selbst im Jahre 1593 kam dem Nicolas de Hault, seigneur de Fromont et Mortaix, chevalier du Saint-Sepulchre, eine Reise nach Jerusalem, welche nahezu ein Jahr in Anspruch nahm, vom April 1593 bis März 1594, und welche er in seinem „voyage de Hierusalem fait en l'an 1593“ beschreibt, auf nicht mehr als im ganzen 159 écus, 20 sols, 6 deniers zu stehen, trotzdem er sich noch in Jerusalem besonders kostspielige Vergnügungen leistete. So z. B. besichtigte er für 22 deniers das Grab der Heiligen Jungfrau, und 35 couronnes d'oliviers, prises au mont Olivet, die er als Andenken mit nach Hause nahm, kosteten ihm nicht weniger als 5 livres, 13 sols[4]).

Zum Teil hatte das darin seinen Grund, dafs die Herren Anspruch auf unentgeltliche Unterkunft und Verpflegung bei ihren Vasallen und Unterthanen, einige auch in den öffentlichen Herbergen hatten. Von den seigneurs de Simiane sagt Colombière: Habent jus hospitandi in hospitiis publicis albergariorum[5]).

Man nannte dieses Recht „jus gisti ac procurationis“ oder, wie es in einem Freibrief Ludwigs des Dicken vom Jahre 1111 hiefs, „usualis et consuetudinaria hospitatio. Daher behauptet Eutrapel in seiner Erzählung: „Du temps passé et présent“: estoit en la puissance du gentilhomme chevaucher cent lieus sans qu'il

---

[1]) Chr. des ducs de N. 29608. — Perc. 6696. — [2]) Manek. 5401; 5418. — Baud. de S. I. 257. — Phil. M. 20948. — Mac. 1715. — Cliges 232. — Manek. 6780. — Mort Aym. de N. 690. — Guil. d'Or. III. 1307. — Gauf. 49. — Huon de B. 2811. — [3]) Rich. li B. 853. — Am. et Yd. 3000. — [4]) Michel et Fournier p. 288/89. — [5]) Mich. et F. p. 295.

lui en coustat pas la maille, et, fügt er noch hinzu, se tenoit bien heureux, celui qui le hébergeoit et logeoit[1]). Dann müssen wir auch bedenken, daſs das Geld damals einen weit höheren Wert hatte als heute.

Daſs die Herren vom Brücken- und Wegegelde befreit waren, zeigen uns die Réglemens sur les Arts et Métiers de Paris, p. 280 Artikel Del paage de Petit-Pont (2. Hälfte des XIII. Jahrhunderts)[2]).

Man wollte aber nicht nur so bequem wie möglich unterwegs leben, auch auf keins der gewöhnlichen Vergnügen, deren liebstes die Jagd war, wollte man verzichten, und so wurden denn noch oft Jagdhunde (ciens et viautres) und Falken (ostoirs, faucons et espreviers mues) mit auf die Reise genommen[3]).

Diese Sitte muſs so allgemein gewesen sein, daſs im Anfange des XIII. Jahrhunderts der Abt von Saint-Florent sagen konnte: Die vornehmen Leute unterschieden sich damals (d. i. 1008) von dem Volke durch die Raubvögel, welche sie auf der Hand trugen, wie sie sich gegenwärtig durch das Tragen des Degens unterscheiden. Wohin sie auch gingen, immer hatten sie ihre Vögel bei sich[4]).

Wenn wir heutzutage eine Reise antreten, nehmen wir uns eine Zeitung oder ein Buch mit, um uns durch eine fesselnde Geschichte die Langeweile zu vertreiben. Im XII. und XIII. Jahrhundert, wo das lange und langsame Reisen nicht minder einförmig war als heute, machte man's genau so. Freilich gab es noch keine Zeitungen und so gut wie keine Bücher, dafür aber lieſs man sich von menestrels und vieleurs durch Erzählen von Geschichten und Vortragen von Liedern unterhalten[5]).

Sobald die Tisch- und Küchengeräte, Becher, Teller, auch Tischtücher wurden nicht vergessen, Zelte und sonstige Gerätschaften mit den Mundvorräten und den baren Mitteln und diejenigen Gewänder und Waffenstücke, welche man nicht anlegte, in die Koffer gepackt[6]) und die Pferde und Maultiere beschlagen waren[7]), konnte man an den Aufbruch denken.

---

[1]) M. et F. 319. — [2]) Ebenso ist der jongleur frei, aber por I. ver de chancon, und der — Affenführer: et se li singes est au joueur, jouer en doit devant le paagier; et pour son jeu doit estre quites de toute la chose qu'il achete a son usage. — [3]) Huon de B. 539. — Li B. Desc. 3807. — Chev. au c. 3080. — Gauv. 4466; 3774. — Erec 5314. — [4]) M. et F. p. 298. — [5]) Joufr. 920. — Gilles de Ch. 443. — [6]) Li B. Desc. 3811. — Huon de B. 534. — Cl. et L. 19860. — [7]) Karls Reise 81.

An dem Tage, welchen der Herr für die Abreise bestimmt hatte, begann das Leben auf dem Schlosse noch früher als sonst. Qui voelt cheminer et aler a fuison, A l'esploit dou matin bien tenir se doit on (Baud. de Seb. II 116), sagt ein altfranzösisches Sprichwort, und so ist denn schon, der Tag graut eben, alles auf den Beinen.[1])

Die lebhafteste Thätigkeit herrscht in den Ställen, wo die Knechte die für die Reise bestimmten Tiere noch einmal tränken, füttern, dann zurechtmachen, putzen, striegeln und mit Zaum, Sattel- oder Tragzeug versehen, je nachdem sie zum Reiten oder zum Tragen des Gepäcks bestimmt sind.

Da sind zunächst die destriers für den Herrn und seine Genossen. Es sind starke, ausdauernde, feurige, schnelle Tiere, deren man sich im Kampfe und überall da bedient, wo man grofse Anforderungen an das Pferd stellt. Um aber die Tiere auf der Reise nicht unnötig anzustrengen, um sie in jedem Augenblick frisch und gebrauchsfähig zu haben, denn auf der Reise mufs man, wie wir später sehen werden, immer auf einen Überfall gefafst sein, überlassen die Ritter die destriers gewöhnlich den Knappen, welche sie an der rechten Seite führen, ein Umstand, dem diese Pferdegattung bekanntlich den Namen „destrier“ verdankt.[2])

Zum gemächlichen Reiten bedienen sich die Ritter der palefrois.[3])

Der palefroi ist nicht minder edel als der destrier, aber er ist zarter gebaut, hat eine gleichmäfsige ruhige Gangart und einen sanfteren Charakter. Während man dem destrier Eigenschaften, welche Kraft und Ausdauer bezeichnen, beilegt, erfreut der palefroi mehr das Auge durch seine kleine, zierliche Gestalt und durch seine zarte, weifse Farbe.[4]) Daher erscheint der Ritter auf einem palefroi garnicht oder nur zum Teil bewaffnet,[5]) und daher ist der palefroi auch, neben dem weifsen Maultier,[6]) fast ausschliefslich

---

[1]) Joufr. 1273. — Li B. Desc. 3803; 6065. — [2]) Cl. et L. 2336. — Otinel 706. — [3]) Villeh. p. 325. — Phil. Mousk. 30087. — Gilles de Ch. 3369. — Chast. de C. 6290. — Cl. et L. 19860. — [4]) Durm. li G. 1888. — Chev. as II. e. 9253; 12224; 1120. — Lanval (Lais d. Marie de F.) 557. — Chev. as II. e. 5156. — Cl. et L. 15875. — [5]) Chievrefoil (Lais d. M. de F.) 178. — Chev. as II. e. 166. — Dagegen Cl. et L. 13638: Li rois a pris M. chevaliers, Armez sor les coranz destriers. — [6]) Chev. as II. e. 394.

das Reitpferd der Damen, car dame chevachier ne doit Trop tost, par reson ne par droit, (Dolop. 3060).[1])

Dem Qualogrenant widerfährt im Cl. et L. (26 104 ff.) ein sonderbares Abenteuer. Er kommt auf seinem destrier reitend an eine Burg, in welcher alle in dasjenige Wesen verwandelt werden, dem sie beim Einreiten begegnen. Da er zuerst eine pucelle antrifft, wird er in ein Weib verwandelt und mufs es sich wohl oder übel gefallen lassen, dafs man ihm seinen destrier und seine Waffen abnimmt, ihm dafür Frauenkleider anzieht und ihn schliefslich auf einen palefroi hebt. In dieser Verfassung verläfst er das Schlofs wieder.

Der destrier und der palefroi, daneben findet sich auch noch für das Pferd, welches der Ritter auf der Jagd gebraucht, die Bezeichnung chaceor und für alle 3 der allgemeine Gattungsname cheval,[2]) sind die ritterlichen Pferde. Auf einem andern Pferde, z. B. einem roncin, zu reiten, gilt für einen Ritter als Schmach. Im Perceval (siehe Kitze[3])) begegnet dieser dem Saigremor auf einem roncin. Saigremor ist über diese Begegnung so beschämt, dafs er schleunigst kehrt macht und davonjagt.[4])

Auch für eine edle Dame ist es herabwürdigend, auf einem roncin zu sitzen.[5])

Merkwürdigerweise reisen in den Karlsepen, aber auch nur in diesen, die Ritter, Karl der Grofse sogar selbst, statt auf palefrois, häufig auf Maultieren. Atant es vus Carlun sur un fort mul amblant (Karls Reise). Wahrscheinlich erwiesen sich bei den zahlreichen und langen Reisen und Kriegszügen Karls des Grofsen über Gebirge die Maultiere als geeignetere, ausdauerndere Reittiere als die palefrois. Das Tier, welches man für den Kampf besteigt, ist natürlich auch hier wieder der destrier oder cheval. Im Gérard de Rossillon beschreibt Pierre seine Fahrt zu Guerart; 333, 8: Saignor, ce fu josdi, bien seies fiz, Que fu de bones armes mes cors garniz, E menai mon cheval al cuer hardiz, E cevalchai un mul bons e esliz.[6])

---

[1]) Aub. 873. — Cleom. 17 041. — Gui de N. 791. — Selten Baud. de S. XXIII, 119: La royne monterent par desseure I. destrier. — [2]) Gaufrey 3749. — Hist. des ducs de N. p. 133. — Foulque de C. p. 144. — [3]) A. Kitze, Das Rofs in den afrz. Artus- und Abenteurerromanen. Perc. 35 554. — [4]) Im Widerspruch dazu aber sagt Baud. de Seb. VI. 336 zu seinen Knappen: aprestez mon roncin! A Valenchienes voel aler le droit chemin. — [5]) Chev. as II. esp. 7594. — [6]) Karls Reise 89. — Ronc. XXVI. 5; 452, 3; 384, 6; 386, 11.

In den Artus- und anderen Romanen dagegen ist das edle Roſs das einzige standesgemäſse Mittel, dessen sich ein Ritter zur Fortbewegung bedienen darf. Der Graf Amis steigt zwar auch auf ein murlet, aber er ist von der furchtbaren Krankheit des Aussatzes befallen und daher von allen, sogar von seiner Frau, verstoſsen.[1])

Ein Ritter, der zu Fuſs dahinzieht, ist verächtlich, nur zu Pferde ist er ein wirklicher Ritter. Atant li vilains se rescrie: „Fi, fi de la chevalerie, Qui est a pie vilainement! heiſst es im Cl. et L. 10011, und Elie, obwohl ein armer Teufel, der ohne jede Begleitung und ganz verhungert auf 4 Räuber stöſst, erwidert doch diesen stolz, als er ihnen sein Roſs geben soll: Mais je sui fiex a conte, ne sai aler a piet (Elie 1143). Auch Cleomades erklärt, 9787: „Car moult honteusement iroie Se a pie de ceens partoie. Ne n'est pas chose aferissant De chevalier a pie alant.“[2])

Ebensowenig würde es sich für ihn geziemen, sich in einem Wagen fahren zu lassen, es müſste denn sein, daſs er verwundet oder, wie Amis, schwer krank ist.[3]) Lancelot, im Roman de la charrete, wäre entehrt, auch wenn charrete nicht wie hier die besondere Bedeutung „Schinderkarren“ hätte.[4])

Die Damen, denen wir auſser auf palefrois noch auf chaceors (siehe Kitze) und häufiger, wie schon oben erwähnt, auf muls und mulets begegnen,[5]) pflegten in derselben Weise wie heute zu Pferde zu sitzen. Das geht noch deutlicher als aus der Stelle, welche Kitze anführt,[6]) aus Cl. et L. 26314 ff. hervor: Kalogrenant, auf wunderbare Weise in der äuſseren Form in ein Mädchen verwandelt, begegnet auf einem palefroi dem Mordrec. Dieser ist gleich so sehr in Liebe zu der vermeintlichen Schönen entbrannt, daſs Kalogrenant ihn mit den Worten (26316): N'est paz droiz, force me facez, Trop grant vilonie ferez, zurückweisen muſs. Das hilft aber wenig. Mordrec dringt auf ihn ein, und Kalogrenant, der seinen männlichen Sinn bei der verhängnisvollen Verwandlung glücklicherweise keineswegs eingebüſst hat, setzt sich in Verteidigungsstellung, 26322: Kalogrenanz le voit venir Et lors ne

---

[1]) A. et A. 2445. — [2]) Trist. 37. — [3]) Am. et Am. 2592. — [4]) Char. 321. — [5]) Otinel 720. — Am. et Am. 1653; 1993. — Raoul de C. 6701; 6795; 6799; 6841. — Gui de N. 1586; 1587. — Lanval (Lais d. M. de F.) 516. — Aye d'Av. 55. — Huon de B. 9116. — Par. la D. 918. — [6]) Cl. et L. 26299.

se vout plus tenir; La jambe giete d'autre part Et dist qu'il n'avera ja part En soi, s'il puet veraiement.

Ebenso deutlich ist das Bildchen bei Gautier, La Chevalerie p. 373, betitelt: Jeune femme, en costume de chasse, d'après le sceau d'Alix, duchesse de Brabant. Dagegen bringt aber wieder Viollet-le-Duc III p. 418 das dem Man. Bibl. nat. fr. Lancelot du Lac (1390) entnommene Bild einer Frau, die wie ein Mann zu Pferde sitzt.

Der ronci, ein gewöhnliches Reitpferd und im Gegensatz zum destrier ein zwar nützliches, aber unedles Tier, ist für die Diener, Knappen und Knechte bestimmt. So heifst es von einem räuberischen Ritter im Durmars, 3263: Et s'il encontre chevalier, Maintenant li tout son destrier . . ., Del sergant et del esquier Vuet avoir le ronci trotier. Auch Zwerge reiten meist auf einem ronci.[1])

Dem edlen Charakter des destrier und palefroi entsprechend, ist auch das Geschirr, welches sie tragen, reich und kostbar. Nicht selten sind, wenn wir den Dichtern keine Übertreibung zutrauen, Sattelgurt und -Decke, Brust- und Schwanzriemen aus Seide, der Sattel aus Elfenbein und Gold oder Silber, die Zügel und Brustriemen mit Gold und Edelsteinen verziert, der Zaum und die Steigbügel sogar aus reinem Gold oder Silber.[2])

Nur Damen und Knappen treiben das Pferd mit einem peitschenartigen Instrumente an, einer Rute, die ebenfalls oft aus edlem Stoffe, Elfenbein, Gold oder Silber gefertigt ist, mit seidenen (vermutlich geflochtenen) Bändern (fringes) daran.[3]) Der Ritter bedient sich der goldenen, silbernen oder stählernen Sporen,[4]) denn die Hände müssen für den Gebrauch der Waffen frei bleiben.

Lasten aller Art packt man gewöhnlich den sommiers, schweren Lastpferden, bisweilen auch den Maultieren[5]) auf, welche der Sorgfalt der escuiers, vallets oder somelier überlassen werden.[6])

---

[1]) Cl. et L. 23 340. — Guil. d'Or. I. 1643. — Durm. li G. 1775. — Nouv. fr. en prose du XIII. p. 110. — [2]) Chev. as II. e. 1124. — Cleom. 5752. — Chev. as II. e. 5158. — Foulque de C. p. 100, v. 7. — Brun de la M. 3058. — Aye d'A. 55. — Chev. as II. e. 11 885. — Durm. li G. 1383. – Alix. 437, 15. – [3]) Chev. as II. e. 1120; 5165. — Perc. 1806; 2380; 5989. 18 797; 37 498. — Erec 145; 217. — Fergus 592. — [4]) Durm. li G. 1269. — Baud. de S. XVI. 1028. — Ogier 6985. — [5]) Nur ausnahmsweise auch dem palefroi. Citat b. Kitze. — [6]) Jub. Nouv. Rec. I. p. 5. — Am. et Am. 1975. — Chans. des S. p. 82, 14. — Fierabr. 4421; 5113. — Ren. de M.

Unter den damaligen Zeitumständen waren Pferde die natürlichsten, geeignetsten und auch bequemsten Mittel, welche sich zur Reise darboten. Mochte der Weg noch so eng und noch so schlecht sein, ein einzelnes Pferd konnte ihn doch noch begehen.[1]) Und schlecht waren die Wege damals wohl vielfach noch, wie man sich denken kann, trotz der Sorgfalt, welche einsichtsvolle Fürsten und auch Klöster der Erleichterung des Verkehrs, sowie der Anlage und der Erhaltung der Wege widmeten.[2])

Kranke und zum Reiten zu schwache Personen bettete man auf Sänften, die von 2 Pferden getragen wurden.[3])

Wagen waren, nicht nur wegen der schlechten Verfassung der Wege, sondern auch wegen ihres eigenen recht mangelhaften Baues fast nur zum Transporte des Gepäcks im Gebrauch, und auch das nur, wenn es sich um gröfsere Kriegszüge handelte.[4]) Eustache und seine Gefährten (in Eustache le Moine), die sich von einem Fuhrmann mitnehmen lassen, müssen dieses Vergnügen nicht nur mit XII deniers, dem vereinbarten Preise, sondern auch mit einem Teile ihrer Haut bezahlen, 172: Il montent, si s'en vont battant. Li caretons fiert les chevals, Et il saloient les grans sals Parmi une cauchie a forche. A Wistache le cul escorche, Car la carete ruisteloit, Male aleure les menoit.

Es ist daher nicht zu verwundern, wenn wir nur äufserst selten dem Wagen als Beförderungsmittel für Personen begegnen.[5])

Die Gräfin von Fayel hat keine Lust, ihren Gemahl auf einer Wallfahrt nach Saint Mor des Fossés zu begleiten. „Mes mes chars n'est mie atournes, Et li jours est trop cours d'asses,“[6]) erklärt sie ihm. Aber der Graf weist ihre Bedenken zurück mit den Worten: „Dame, n'en soies en effroy, Vous ires sus un pallefroy, Si chevaucherons simplement (6238).

Der palefroi, überhaupt ein Reitpferd, war eben das Einfachste und Bequemste.

---

p. 53, 25. — Foulque de C. p. 144. — Huon de B. 8674: Nur wenn es sich um einen gröfseren Kriegszug handelt. finden wir, dafs auch noch Wagen zum Fortschaffen des Gepäckes verwandt werden. Beispiele siehe p. 6 Akg. 5.

[1]) Cout. de B. XXV. 356, 2. — [2]) Cout. de B. XXV. 12. — Aiol 6574. — [3]) Berte as g. p. 2365. — Baud. de Seb. XXIV, 855; I. 357. — Br. des R. L. I. 7063. — Brun de la M. 2657; 2672. — Jub. Nouv. Rec. I. p. 27. — Chev. as II. e. 1902; 9250. — [4]) Prise de P. 5658; 5807. — Br. des R. L. II. 8907. — [5]) Conq. de la B. 2784. — Baud. de Seb. III. 390. — [6]) Chast. de C. 6234.

Aufser der chape, die gelegentlich erwähnt wird, gab es keine besondere Kleidung für die Reise.

Die chape haben wir uns als einen weiten Mantel, etwa wie einen Chormantel oder limousinischen Schäfermantel zu denken,[1]) der über alles gezogen wurde, mit einer Kapuze versehen war und so leidlichen Schutz gegen Staub und Regen gewährte.[2]) Da sie nur diesem praktischen Zwecke diente, ist sie im Gegensatz zum Mantel wohl meist nur aus ordinärem Stoff hergestellt worden. Die Herzogin von Bordeaux belohnt 2 Boten, indem sie ihnen für ihre palefrois grofse destriers, für ihre chapes, bons mantiaux entaillies und ausserdem jedem C livres de deniers geben läfst.[3])

Damen setzten unterwegs zum Schutze gegen die Sonne eine Art Hut, bisweilen aus Pfauenfedern, auf.[4])

Wenn es zu einem Turniere oder einer anderen Festlichkeit ging, legte man schon auf der Fahrt prächtige Kleider an[5]), indem man zugleich, wie aus mehreren angeführten Stellen bereits hervorging, Sorge trug, noch weitere reiche und kostbare Gewänder, in Koffern verpackt, mitzunehmen.

Die Ritter trugen, wofern sie sich nicht auf einer Wallfahrt befanden, in welchem Falle sie natürlich wie jeder Pilger mit der esclavine, dem Pilgerrock, und dem bekannten breitkrämpigen Hute bekleidet waren,[6]) in der Regel nur einen Teil ihrer Waffen; Helm, besonders aber Schild und Lanze überliefsen sie den Knappen.[7])

Ganz unbewaffnet ritten sie selten, und Bernier mufste es, als er nach seiner Hochzeit in Arras mit seiner jungen Gattin und einer grofsen Anzahl von Begleitern nach St.-Quentin zurückkehrte, schwer büfsen, dafs sie es alle unterliefsen, Waffen anzulegen. Raoul de C. 6097: Mais d'une chose furent mal escharni Qe de lor armes estoient desgarni, sagt der Dichter, denn Endementiers qe cil lor chantoit ci, Li agais saut, qe plus n'i atendi.

Auch Aiol wird von einem freundlichen Manne, der ihn aufgenommen hat, gewarnt, er solle nicht nach Frankreich gehen,

---

[1]) Viollet-le-Duc II. 92. — [2]) Ph. Mousk. 19220. — Rou II. 2022. — Guil. d'Or. I. 275. — Rich. li B. 1103. — [3]) Huon de B. 413. — [4]) Chev. as II. e. 1142; 5166. — [5]) Chev. as II. e. 5148. — Gilles de Ch. 443. — Cl. et L. 29151. — Viol. 697. — Erec 2564. — [6]) Aiol 1534. — Gayd. 9769. — Auberi 57, 23. — [7]) Og. l'Ard. 3700. — Foulque de C. p. 144. — Guil. d'Or. I. 275. — Aye d'A. 51.

1169: „Les chemins veres gastes et encombres, Il i a des larons a grant plente. Se vo ceval vous tolent, que devenres Et tretoutes armes que vous portes. Ja mais en douche France n'en enteres.“ [1])

Die Unsicherheit der Wege war groſs und ganz allgemein, und zahllos sind die Beispiele von Ueberfällen, die sich in den Romanen und Erzählungen aller Art finden, obgleich gesetzliche Bestimmungen die Herren verpflichteten, dafür zu sorgen, daſs Reisende unbelästigt ihre Straſse ziehen konnten, ja dieselbe sogar für Verluste haftbar machten.[2]) Allein von keinem oder nur von wenigen Fürsten hätte man das sagen können, was man von Richards, des Herzogs der Normandie, Regierung rühmte, daſs Larrons, traitors e felons Furent destruit e a dol mis: Tut aseur fu le païs n'i ont chemin frait ne bruisie, ne home robe ne despoille. (Chron. des ducs de N. 12776).

Bei dieser Möglichkeit kann man sich leicht vorstellen, daſs die Messe am Morgen der Abreise mit ganz besonderem Ernste und grösserer Andacht als sonst gehört wurde, und daſs die Reisenden den Geistlichen eigens um seinen Segen für die Fahrt baten. Quant apreste sunt li message, erzählt der Dichter des roman du Mont Saint-Michel, 523, D'une rien unt fait molt que sage: Quant de l'evesque dessevreirent, Beneicon li demandeirent, Quer ne sourent si revendreient Ou en la veie tuit morroient. Molt dolcement les a besiez Li evesques, e puis seigniez.[3])

Gautier (p. 43) behauptet, daſs man vor dem Antritt einer Reise auch zu beichten pflegte. Das ist wohl möglich, dennoch habe ich auſser der von ihm angeführten Stelle keine gefunden, welche darüber etwas berichtet, und auch an dieser Stelle heiſst es nur, daſs der betreffende Ritter unterwegs das Bedürfnis empfindet, einem Priester seine Sünden zu bekennen.

Der Ernst des Augenblicks ist jedoch sogleich vergessen, sobald man in den Hof tritt, wo die Knappen mit den vor Ungeduld stampfenden Pferden harren. Die Aussicht, hinauszuziehen in die Ferne, sei es auch gefahrvollen Zufällen entgegen, die Gewiſsheit, etwas neues zu erleben, vor allen Dingen aber, daſs man überhaupt aus dem langweiligen, engen Leben im Schlosse mit seinen dicken Mauern und kleinen Fenstern herauskommt, hinein in die frische, fröhliche Frühlingsluft, läſst keine bedenkliche Stimmung aufkommen.

---

[1]) Aiol 6656. — [2]) Cout. de B. XXV. 25. — [3]) Aiol 322; 442; 535.

Durch ein reichliches Frühmahl gestärkt, que le mengier matin apporte grant sante Et plus en a li hons hardement et fierte (Doon de M., 5745),[1]) schwingen sich frohen Sinnes die jungen Herren in den Sattel, die Damen werden auf die palefroi gehoben, die Knappen besteigen ihre roncins, dann wird noch ein letzter Grufs mit den Daheimbleibenden ausgetauscht,[2]) und hinaus geht's durch das düstere Thor und mit lautem Getrappel über die Zugbrücke dem vorausgeschickten Trosse nach.[3])

Nach wenigen Minuten ist die Landstrafse, le grant chemin ferre, batu oder la chariere grant et bele,[4]) von welcher die Coutumes de Beauvoisis berichten, dafs sie 8 Fufs breit war, erreicht, und auf dieser reitet dann die Gesellschaft zu zweien, wenn Damen den Zug begleiten, je ein Herr mit einer Dame, in gemächlichem Gange dahin.[5])

Die Erde ist eben vom Schlafe erwacht; im saftigen, taufrischen Grün glitzern die Strahlen der Morgensonne; fröhlich singen die Vögel in Busch und Baum: Da geht auch unseren fahrenden Helden, die uns sonst in den altfranzösischen Romanen keineswegs als gefühlvolle Naturschwärmer erscheinen, das Herz auf,[6]) und sie stimmen, wie wir es heute auch machen, alle selber ein heiteres Lied an, oder sie folgen summend dem Liede, welches ihnen einer aus ihrer Mitte, vielleicht auch der menestrel vorträgt.[7])

So vergeht schnell der Vormittag. Die Sonne ist höher gestiegen und fängt an, lästig zu werden. Man verspürt Hunger, denn seit dem Aufbruch hat man noch nichts genossen, und da gerade vor unserer Gesellschaft ein Wald beginnt, an dessen Saum ein klarer Bach sich entlang zieht, beschliefst man, an diesem kühlen, anmutigen Orte Halt zu machen und die heifsen Mittagsstunden zu verbringen. Schnell sind die nötigen Gerätschaften

---

[1]) Gaufrey 9326. — [2]) Aiol 543. — Cl. et L. 430. — Brun de la M. 3055. — Og. l'Ard. 3700. — Chev. as II. e. 1164. — [3]) Chev. au c. 3086. — Li B. Desc. 3803. — Durm. li G. 6625. — Am. et Yd. 4622. — Rich. li B. 1284. — Chast de C. 3263; 5159. — [4]) Baud. de Seb. XVII. 913. — Cl. et L. 10352. — Ger. de R. p. 317, 27. — Perc. 30516; 30519. — Am. et Am. 3297. — Meon, Nouv. Rec. I. p. 131, 127. — Og. l'Ard. 5939. — Baud. de C. I. p. 208, 122; III, p 56. — Cout. de Beauv. XXV. 2. — [5]) Cleom. 16648. — Viol. 708. — [6]) Chev. as II. e. 2637. — [7]) Gilles de Ch 443; 529. — Baud. de Seb. VI. 383. — Cl. et L. 29161. — Viol. 697. — Cleom. 16639. — Durm. li G. 6639. — Cleom. 16801. — Alix. 453, 3. — Ren. de M. p. 175, 1. — Raoul de C. 6085.

ausgepackt und eine Feldküche, in welcher die Diener und Köche sich sofort an die Bereitung des Mahles machen, errichtet.

Inzwischen sind die Herren und Damen von den Pferden gestiegen, die Ritter haben ihre Waffen abgelegt und sich abgekühlt, sich vielleicht auch in dem Bache gewaschen, und nun ruhen alle von den Anstrengungen des Rittes aus.

Sobald das Essen fertig ist, wird ein Tischtuch, die nappe oder toualle blanche, die niemals bei der Beschreibung eines Mahles fehlt, auf den grünen Rasenteppich ausgebreitet, — mitunter dienen auch Reisesäcke und Koffer als Tisch, — Becher, Teller, Messer und das Salzfaſs daraufgestellt, und die Mahlzeit kann beginnen.[1]) Vorher jedoch holen die Diener aus dem Bache in Schüsseln Wasser zum Waschen der Hände. Diese Maſsregel, welche bei dem bekannten Mangel an Gabeln notwendig war, wird stets, auch bei einem Mahle, das wie hier unterwegs eingenommen wird, auf das peinlichste beobachtet.[2]) Nur Elie de St. Gille ist so verhungert, 3 Tage lang hat er nichts gegessen,[3]) daſs wir es begreifen, wenn der Dichter ausdrücklich von ihm erzählt: Ains ne demanda aige por ses mains a laver, Au mangier s'est assis sans congiet demander (Elie de St. G. 1093).

Die Damen waschen sich natürlich zuerst, Mais la pucele leve ancois; car ce est bien raisons et drois (Durm. li G. 2195).

Aus einigen Stellen erfahren wir auch, was bei einem solchen schnell bereiteten Mahle aufgetragen wurde. Im Durmart li Galois z. B. giebt der Zwerg nach dem Braten, den er eben am Spieſs zubereitet, noch II pastes De faisans teures et lardes (2205), und im Chev. au cygne: Et Galiens li done IIII de ses pochins Et I. larde de cherf et II. poissons marins. Oft begnügte man sich auch mit kalten Speisen, namentlich Pasteten.[4])

Das ist einfach und wenig im Vergleich zur Anzahl und Auswahl der Schüsseln, von denen uns sonst, bei der Beschreibung häuslicher Mahlzeiten, die Dichter zu berichten wissen, wird aber dafür nach dem Ritte in der schönen, frischen Morgenluft um so trefflicher gemundet haben.

---

[1]) Chev. as II. e. 3576. — Guil. d'A. p. 77. — Selbst in einer Landschenke finden wir den Tisch mit einer blanche nape bedeckt; Baud. de Seb. VIII. 123. — [2]) Durm. li G. 2135; 2179; 2203. — Chev. as II. e. 3597. — Durm. li G. 3060. — Chev. au c. 4432. — Esc. 707. — Durm. li G. 10532ff. — etc. etc. — [3]) Elie de St. G. 1049. — [4]) Chev. as II e. 3600. — Erec, 5106.

Sobald die schwülen Mittagsstunden vorüber sind, bricht man wieder auf, beabsichtigt man doch, noch heute die nächste Stadt zu erreichen und daselbst zu übernachten.

Kurz nach dem Aufbruch gelangt man an einen ziemlich breiten Fluſs. Eine Brücke fehlt, denn nur an den allerwichtigsten Punkten sind von Fürsten, Städten, oder auch von Mönchsorden Brücken gebaut worden.[1]) Dafür sorgt ein Fährmann, pontonier, für die Hinüberschaffung der Reisenden. Da er augenblicklich nirgends zu entdecken ist, vermutlich befindet er sich in seinem kleinen Häuschen drüben, am jenseitigen Ufer, bläst man in ein Horn, welches an einem Pfahle am Ufer hängt.[2]) In einem Boote (batel), die Tiere in einem gröſseren Kahne (chalant), holt er die ganze Gesellschaft hinüber.[3])

In der Ferne aufsteigende Türme zeigen an, daſs man sich der Stadt, in welcher man zu übernachten gedenkt, nähert. Der Herr schickt daher seinen seneschal und seinen chambrelenc in Begleitung einiger Leute und den ganzen Troſs, ein einzelner Ritter seinen Knappen voraus, por prendre ostel und por hasteement disner aprester.[4])

Während nun die ganze Gesellschaft weiter reitet, vor der Stadt auch wohl noch halt macht, um auf die Rückkehr der Diener zu warten, setzen sich diese mit dem Gepäck in Trab und machen sich, in der Stadt angelangt, auf die Suche nach einem ostel, nach einem Hause, wo man für die Nacht ein Unterkommen findet.

Im XII. und XIII. Jahrhundert hat hostel durchgängig noch die ganz allgemeine Bedeutung „Haus“. Daneben findet sich allerdings auch das Wort „maison“, mit welchem es oft zusammen gebraucht wird oder wechselt[5]), wollte man aber zählen, so würde es sich gewiſs zeigen, daſs „ostel“ in der Bedeutung „Haus“

---

[1]) Michel et Fournier p. 321. — Elie de St. Gile, 4. — [2]) Fl. et Bl. 1291. — [3]) Fl. et Bl. 1296. — Gui de B. 314. — [4]) Joufr. 932. — Og. l'Ard. 3728. — Joufr. 2797. — Hist. des ducs de N. p. 147; p. 192. — Gilles de Ch. 630. — Rich. li B. 4521. — Am. et Yd, 3023. — [5]) Gui de B. 636. — Baud. de S. X. 1146. — Chast. de C. 4213; 4257. — Blanc. Dasselbe Haus des provos, 1474: ostel; 1549: maison genannt. — Chev. au c. 4340: Si lor presenterai l'ostel et la maison; 5780: En lor ostex en vont; 5785: A lor maisons repairent. — Perc. 16357: Emmi la lande . . . une maison Tout entour fremee environ: „Kex, fait il, au mien ensient K'en cel ostel que voi a gent. — Gaufrey 5425: Robastre vit l'ostel, moult en devint joiant, Qu'il cuida que chen fust maison a paisant Ou aucun forestier.

viel häufiger ist als „maison“. Das Haus des Vornehmen, das des Bürgers, aber auch die elende Hütte des Holzfällers Varocher (in Macaire), alle heifsen „ostel“; „hosteler“ natürlich „beherbigen“ und neben „estre ostele“: wohnen, hausen, sich befinden.[1])

Aufserdem hat aber „ostel“ noch eine ausgedehnte abstrakte Bedeutung (Wohnung, Quartier, Bewirtung, Unterkommen, Haushaltung und -führung, häusliche Pflege, Heim)[2]), und das mag der Grund sein, weshalb sein Gebrauch zu Gunsten des immer nur konkret gebrauchten „maison“ in späteren Jahrhunderten stark eingeschränkt worden ist.[3])

Am Ende des XVII. Jahrhunderts haben dann, nach dem Zeugnisse des englischen Arztes Lister (1698), die Gasthäuser und Herbergen, welche bis dahin und noch später die amtlichen Bezeichnungen: hostellerie und taverne führten, — einer Bestimmung vom Jahre 1579 gemäfs las man an ihrem Giebel auf einem Schild: „Hostellerie“ oder „Taverne“, par la permission du Roy — das Wort Hôtel für sich in Anspruch genommen, möglicherweise, wie Fournier meint, in selbstgefälliger Konkurrenz mit den Häusern der Vornehmen.[4]) Damit haben sie dem Worte „hôtel“ wieder mehr Boden gewonnen und ihm die besondere Bedeutung „Gasthof“ verschafft, welche es heute im allgemeinen hat.

Begleiten wir jetzt den seneschal oder den escuier auf seiner Suche nach einem hostel.

Das war keine leichte Aufgabe; dazu gehörte Gewandtheit und Erfahrung.[5]) Avisse will ihren Sohn Aiol nicht fortziehen lassen; er sei noch zu jung und unerfahren. „Sire,“ che dist la

---

[1]) Joufr. 313; 351. — Huon de B. 3988. — Og. l'Ard. 3700. — Macaire 1306; 1311. — Règl. sur l. a. Titre VIII. — Mer. p. 151. — Phil. M. 26056. — Hug. C. 553; 1004. — Tour. Ant. 3459. — Aiol 976. — Baud. de Seb. XI. 413. — Auberon 901. — Guil. d'Or. V. 926. — Alix. 537, 17. — Mort Aym. de N. 1959. — Doon de M. 69. — Meon (Nouv. Rec.) II. 428, 40. — Dol. 1312. — Jub. (Jongl. et T) p. 44. — Fier. 1181, etc. etc. — [2]) Fl. et Bl. 1311. — Aub. 22. — Am. et Am. 3299. — Meon (N. Rec.) I. p. 289, 1. — La Mort Aym. de N. 2952; 2958. — Fier. 1181. — Jouf. 3335. — Jos. v. Arim. 2067, — Baud. de C. I. 253, 229; II. 169, 76. — Perc. 16614; 28861; 39722. — Berte a. g. p. 931. — Lanval (Lais M. de F.) 203. — Chast. de C. 72. — [3]) Joufr. 940. — Part. de B. II. 98. — Meon (N. Rec.) I. 131, 120. — Durm. li G. 4403. — [4]) Fournier p. 132. — [5]) Méon (Rec. d. F.) II. 307. — Am. et Yd. 3024. — Gilles de Ch. 630.

dame, „merchi por De: Mes enfes est si jovenes, s' a poi d' ae, Que il ne set encore querre I. ostel.“

Und die gute Mutter hat recht. Wohl ihr, daſs sie es nicht mit anzusehen braucht, wie der arme, weltunkundige Jüngling hilflos durch die Straſsen von Poitiers und dann von Orliens reitet, 1947: Ne ne demande ostel, qu'il n' en set nient; Il n'estoit de che querre pas coustumiers, und von den Leuten verhöhnt wird, bis sich endlich in Poitiers der Bürger Gautier, in Orliens die Gräfin Isabiaus und ihre Tochter Lusiane seiner erbarmen und ihn in herzlicher Weise in ihr Haus aufnehmen. (2003 ff.)

Ebenso, vielleicht noch rührender erscheint uns der wackere Fergus, welcher auch planlos in den Straſsen von Carduel auf und ab reitet, sich schlieſslich, denn es fängt zum Ueberfluſs auch noch an zu regnen, hoch zu Roſs vor einem Hause aufstellt und — einschläft. Glücklicherweise wohnt in diesem Hause die freundliche Tochter eines Kammerherrn des Königs, welche ihm zwar zuerst erklärt: „Sire, a moi n' apartient noient D'osteler gent, ce poise moi. Mes peres est camberlens le roi, S'est sire de ceste maison. Caens ne herberge nus hom, schlieſslich aber doch, von Mitleid mit dem armen, hungrigen, müden und durchnäſsten jungen Mann erfüllt, ihm Obdach und Essen gewährt, allerdings nur unter der Bedingung, daſs ihr Vater, welcher noch auf dem Schlosse ist, nichts dagegen einzuwenden habe.[1])

Ein gutes, sicheres Obdach war, nicht bloſs auf der Reise, von solcher Bedeutung auf das gesamte Wohlergehen, daſs wir „estre mal ostele“ finden, selbst wenn es sich gar nicht mehr um Obdach, Unterkommen, sondern ganz allgemein um die Lage handelt. So heiſst es im Gui de Bourgogne 628: Et li Francois si firent, si ont paiens hurtez. Et cil s'an sont foi, si ont les chans lessiez, Et li enfant les chacent as bons brans acerez; Jusc' a la mestre porte ne sont asseurez. Li Sarazin ne sorent en nul sens i garder Que plus de XV. mile n'an soit o aus entrez. Cil qui la sus monterent furent a sauvete, Et cil qui hors remestrent, furent mal ostele.[2])

---

[1]) Ferg. 899. — [2]) Guil. d'Or. V. 6521. — Fier. 2223: Nicht viel anders ist ostel gebraucht im Guil. d'Or. II. 860, wo es von Guill., welcher mit seinen 2 Neffen in Orange von den Sarazenen belagert wird, heiſst: Qu'or est Guillaumes en perilleus hostel, Et Gillebers et Guielins li bers, En Gloriete ou il sont enserre. — Ebenso Ferg. 4441. — In derselben Bedeutung wie oben hosteler begegnet auch herbergier: Alix. 179, 5: Tout cil ki seront

Heifst nun „estre mal ostele etc.“: in schlechter Lage sein, schlecht gehen, schlecht daran sein, so mufs „estre bien ostele“ notwendigerweise das Gegenteil bedeuten; in guter Lage sich befinden, gut gehen, gut daran sein. Leider habe ich eine derartige Redensart in dieser übertragenen Bedeutung nicht finden können. Es scheint mir daher der Schlufs nicht zu gewagt, dafs ein gutes Unterkommen, ein behagliches Quartier damals eine recht seltene Sache war, und diese Folgerung wird noch bestärkt durch die Stelle im La Mort Aym. de Narb. 498: Tant a au soir et au matin erre A granz jornees et a malves ostes, Qu' il est venuz a Loon la cite, die eine allgemeine Erfahrung wiederzugeben scheint.[1])

Das Christentum in Verbindung mit dem der Pflege der Gastfreundschaft günstigen Charakter der keltischen und germanischen Völker hatte sich nach Kräften bemüht, seinen Pflichten gegen die Mitmenschen, die in der Fremde, im Elend, sich befanden, gerecht zu werden.[2])

Karl der Grofse schon stiftete in allen Teilen seines Reiches Hospitäler für arme Pilger (Apries fist Karles hospitaus En Saisougne et en Raincevaus En Allemagne et en Gascogne Et puis en France et en Bourgogne, Et partout la u il savoit Que poures repairans avoit. Et de ca mer el de la mer, Pour Jhesu Crist k'il vot amer, Et pour les poures aaisier), ein Beispiel, welches sowohl bei der Kirche als auch bei frommen weltlichen Herren nicht ohne Nachahmer blieb.[3]) So entstanden denn die hosteleries, jene Herbergen, welche das ganze Mittelalter hindurch Reisenden, besonders armen und kranken, ein wenn auch meist bescheidenes Asyl gewährten.

Man darf bei dem Worte hostellerie nicht an das heute allerdings nur noch gelegentlich für auberge, cabaret vorkommende „hôtellerie“ denken. Hostellerie ist im XII. und XIII. Jahrhundert stets eine Wohlthätigkeitsanstalt, die ihre Gründung und Erhaltung dem barmherzigen Sinne irgend eines Fürsten, Edlen, auch von

---

pris seront mal hebregiet. — Baud. de S. XXII, 796: A haute vois s'escrie, Baudewins an coer fier: „Or cha! contes de Flandre, trop me faites joquier. Car piecha deussies avoir vostre loier. A si tres mal hostel vous venes herbergier (der Graf v. Fl. erscheint auf dem Marktplatze zu Orbrie, um sich mit B. im Zweikampfe zu messen). — Blanc. 4502.

[1]) Ferg. 3651. — [2]) Vgl. Mich. et Fourn. p. 183, 316/17. — [3]) Elie de St. G. 4.

Gemeinden oder Orden verdankt,[1]) niemals ein mit Rücksicht auf Gewinn gegründetes Unternehmen, wie es die von Privatpersonen gehaltenen auberges und cabarets sind.

Als Beispiel für die Veranlassung zur Gründung und für den Zweck einer solchen hostellerie möge das bei Michel et Fournier p. 322 angeführte dienen: Alard, vicomte de Flandre, fällt um das Jahr 1120 auf einem hohen und unwirtlichen Berge der Rouergue in die Hände von Räubern. Auf wunderbare Weise aber wird er gerettet, und aus Dankbarkeit dafür baut er an der Stelle des Ueberfalles ein Kloster mit einer hostellerie. Alard y établit des prêtres pour le service de l'église, des chevaliers hospitaliers pour escorter les voyageurs, et des dames de qualité pour laver les pieds des pèlerins, faire leurs lits et prendre soin de leurs vêtements.

Auch die Zusammenstellung mit „monastère“ bei F. Michel (Roman du comte de Poitiers, p. 51) erscheint mir nicht richtig. Wenn auch die hosteleries vielfach von geistlichen Orden eingerichtet und geleitet wurden, so waren sie doch nicht selber Klöster.

Leider brachte das zahlreiche Gesindel, welches sich auf den Landstrafsen herumtrieb, und welches natürlich mit Vorliebe diese wohlfeilen Asyle aufsuchte, diese Einrichtungen sehr herunter, andererseits begann aber auch im XIII. Jahrhundert der fromme Eifer zu erkalten.[2]) Zahlreich sind die Klagen über Johanniter und andere Orden, deren Hauptaufgabe die Pflege der Reisenden war. Hospitalier sont gent de grant auctorite Et de grant herbergier sont duit d'antiquite; Mais orendroit il font po d'ospitalite, Et por ce hospitalier sont a tort rente! ruft der Dichter des „Dit des Mais“ voller Entrüstung aus. (Jub. Nouv. R.) I. p. 189. Genau dasselbe Urteil über die Nachlässigkeit der Johanniter gerade in derjenigen Pflicht, welcher sie ihren Namen „Hospitaliers“ verdanken, finden wir in der Bible Guiot de Provins (Barb. et M. II) 1792: Molt revi les Hospitaliers Outre mer orgueillous et fiers. Molt les vi en Jherusalem Et de grant pris et de grant sen . . . Mes il devroient estre tel Com hospitalitez demande, Et comme charitez commande. Tout ont lor afere changie, Q' ospitalitez n'i voi gie; n'il ne vont pas selonc reson, Qant ne lor membre de

---

[1]) Mich. et Fourn. p. 311/12 und p. 319 mit dem Citat aus dem Kap. 56. Der Cout. de Beauvoisis. — Baud. de Seb. XII. 100. — [2]) M. et F. p. 322.

lor non. L'en dit qu'il sont hospitalier, Li nons les devroit esveillier; Le non devroient il sauver Et de ca mer, et de la mer. Trop ont lor estre bestorne, Trop ont l'ospital oblie: S'il nel pueent dela, Por qoi ne le font il deca? Que la ou il n'a charite, ne verrez hospitalite. — 1830: mes cil faillent a charite, Qui ont promis et propose Que il en charite seront, Et hospitalite feront; S'il ne font ce qu'il ont promis, En grant folie se sont mis u. s. w. die anderen taugen im Punkte der hospitalite auch nicht mehr.

Als Baudouin de Sebourc erkrankt und all sein Hab und Gut verzehrt ist, bringt man ihn in eine hostellerie. Aber auch hier behält man ihn nur eine gewisse Zeit. Li sires qui gardoit l'opital dont je dis Fist lever Bauduin, qui tant est afloibis, Hors de l'ostelerie fu le cevaliers mis. Par deseure une piere s'est Bauduins assis. (Baud. de S. XII. 100 ff.) Er erfuhr, was der Dichter ausdrückt in den Worten: Quant I. hons est poures clames, Il n'est hounoures ne ames. (Baud. de C.) Trostlos wandert er durch die Stadt, bis sich endlich ein barmherziger chavetier seiner annimmt: Le chavetiers li crie; Vous soies bien venus! mengies et si beuves, et si n'i penses plus.

Je nachlässiger und gleichgiltiger die Kirche und auch der Staat in der Ausübung ihrer Pflichten wurden, denn nur wenige Fürsten besafsen den praktisch-frommen Sinn eines Karls des Grofsen, desto mehr regte sich das private Unternehmen. Cabarets, tavernes und auberges, welche bis dahin nur ein bescheidenes Dasein geführt hatten, machten sich breit, und damit wurden Institute begünstigt, die namentlich bei der Unsicherheit der damaligen politischen Zustände für die Allgemeinheit geradezu gefährlich wurden. Ungemütlich, wenn nicht gar unheimlich wird einem, wenn man sieht, was alles für ein Lumpengesindel sich in diesen tavernes, nicht nur in denjenigen, welche an der Landstrafse lagen, sondern auch in den Städten, herumtreibt.[1]) Gewohnheitssäufer, Falschspieler, Betrüger und Betrügerinnen aller Art, Spitzbuben und Mörder sind die Stammgäste des moralisch auf derselben Stufe stehenden tavernier oder cabaretier.[2]) Kurz und treffend

---

[1]) Vgl. Michel et Fournier p. 208, 211. — [2]) Vgl. Mich. et Fourn. p. 224, besonders die dort angeführte Verordnung von 1315; p. 239. — Interessante und lehrreiche Bilder aus dem Wirtshausleben bietet uns auch das fabliau B. et M. I. p. 360, wo ein wohlhabender aber unerfahrener Jüngling (der verlorene Sohn) von einem schurkischen Wirte mit Hilfe zweier liederlicher Weibspersonen gänzlich ausgeplündert wird. — Garin II. p. 99.

werden diese Lokale durch folgende Verse charakterisiert: . . en taverne, Qui est la chappelle au dyable. Et vraiement ce n'est pas fable, Car s'i on aprend a jurer, A mentir et a parjurer, Ordure, luxure et usure, De jour, de nuit et a toute heure (Mich. et F. p. 215).

Im Jahre 1301 verboten die constitutions de l'abbaye de Cluny den Mönchen, den Äbten und Priors, in den auberges abzusteigen und dort zu essen, und zwar mit Rücksicht auf ihr Seelenheil und das Ansehen ihres Standes (pro suarum animarum salute et pro honore ordinis) M. et F. p. 323.

Vergeblich sind alle Bemühungen, welche kluge und von ernstem, gutem Willen beseelte Fürsten, wie z. B. der heilige Ludwig, machen, um diesem Übel zu steuern[1]). So führen Michel et Fournier den 29. Artikel der Verordnung Ludwigs IX. vom Dezember 1254, welche eine Besserung der Sitten in Frankreich bezweckte: Item nul ne soit receu a faire demeure en taverne, se il n'est trespassant, ou il n'a aucune mansion en la ville[2]).

Unter diesen Umständen erscheint es uns ganz natürlich, dafs in den altfranzösischen Romanen wohl Pilger und Kaufleute[3]), nie aber Ritter eine taverne oder herbergerie aufsuchen. Die Ritter steigen immer in einem hostel, bei einem borgois ab[4]), der oft als reich und im Gegensatz zum tavernier fast durchgängig als ein freundlicher, gutmütiger, artiger und bescheidener Mann (preudome et vaillant, gentius, cortois, dous, debonnaire sind stehende Beiwörter) bezeichnet wird.[5])

Renaut de Montauban kehrt allerdings mit seinen Brüdern (p. 98, 12) Par dela Poitiers, a une herbergerie Sunt venu apres

---

[1]) Intr. zu règl. sur . . . p. 59. — [2]) Ferner p. 215, Art. d. Verord. vom 27. Februar 1350. — [3]) In einer jüngeren Bearbeitung der Moniages Guil. läfst der Dichter den Wirt einer taverne zu einem jougleor, der alles verthan, sagen: Frere, fet il, querrez allors hostel, Que marcheant doivent ci hosteler. — [4]) Baud. de S. XVI, 673. — Am. et Am. 3298. — Blanc. 863. — Gilles de Ch. 2227. — Baud. de S. XXI. 458. — Rou II. 1990. — Am. et Yd. 2662. — Auberi 58, 20; 135, 25. — Macaire 1605, 1990, 2110. — Manekine 6857. — Rich. li B. 4328. — Jourd. de B. 3409. — Par. la D. 1330. — Chev. au c. II. 798. — Gui de N. 418. — [5]) Gauf. 4937. Der Ritter in dem fabl. „Du prestre et du chevalier“ fragt den vilain nicht nach einer auberge, hostellerie, herbergerie oder taverne, sondern: par l'ame ton pere, Enseigne moi le plus riche homme de ceste vile. — Am. et Yd. 4043; 4249. — Viol. 2509. — Baud. de C. 35, 1159. — Eliduc (Lai M. d. F.) 133. — Baud. de C. II. p. 214, 1476 etc. etc.

vespres, quant nuis fu aserie; aber wir dürfen nicht vergessen daſs sie, von ihrem Könige geächtet, von ihrem eignen Vater sogar verstoſsen, sich auf der Flucht befinden.[1])

Sind diese ostels, die gewöhnlichen Absteigequartiere ritterlicher Herren, nun Häuser, denn hostels bedeutet, wie oben ausgeführt, nichts als Haus, welche gleich den heutigen Hotels Fremde gegen Entgelt aufnahmen und bewirteten? In vielen Fällen offenbar. Wenn der Dichter des Baudouin de Sebourc seinen Helden in den Straſsen von Falisse nach einem Unterkommen (hostel) suchen läſst und bemerkt: nuls ne va, ne ne vient, qui die; Diex benie! Ne il ne voit hostel, n'autre herbergerie, Taverne de chervoise ne de bon vin sour lie (XV. 3 ff,), so ist es, bei dieser Zusammenstellung, unzweifelhaft, daſs hostel ein Haus bezeichnet, wo man das findet, was Baudouin sucht, Obdach und Kost. Vielleicht können wir auch in der Reihenfolge eine gewisse Abstufung in dem Charakter der Arten der Gasthäuser erblicken. Als derselbe Baudouin in Boulogne in einem ostel übernachtet, sind so viele Gäste im Hause, daſs es ihm sehr schlecht ergeht,[2]) und Floire, mit seinen Begleitern als Kaufleute verkleidet, kehrt bei einem Bürger ein, von welchem es heiſst: maison ot larges et grans A herbregier les marceans. (Fl. et Bl. 1026). Das Haus, welches der heruntergekommene Graf Robert auf Anraten seines Knappen Jehans in Marselle mietet (et jou akaterai del vin et hierbegerai la bonne gent, Nouv. fr. en p. du XIII sc. p. 124), führt sogar den Namen: „Ostel François“.[3])

Von äuſserlichen Bezeichnungen dieser Logierhäuser durch Schilder oder Bilder lesen wir in den altfranzösischen Romanen ebenso wenig etwas wie von der Bezeichnung der cabarets und tavernes. Erst im Jahre 1302 ist ein Gasthaus, l'Aigle genannt, erwähnt, jenes Haus, in welchem unter Philipp dem Schönen der groſse Betrug der Jeanne de Divion zusammen mit Robert d'Artois geschmiedet wurde.[4]) Es ist möglich, Fournier meint sogar wahrscheinlich, daſs sie schon vor dieser Zeit derartige Bezeichnungen führten. Trotzdem muſs es auffallen, daſs wir in den Romanen, in welchen doch unzählige Male mit der bekannten Breite

[1]) Auch Baud. de S. geht es sehr schlecht, als es von ihm heiſst, VIII. 215: Dedenz le cabaret s'est la nuit osteles; und weiter, XI. 3: Bauduins i entra, cui Jhesus beneie, Afames durement; le sien chaval aigrie, Pour venir a hostel et a herbergerie. — [2]) Baud. de S. XV. 1176. — Nouv. frç. en prose du XIIIième sc. p. 170. — [3]) p. 126. — [4]) Fournier p. 122.

das Einkehren erwähnt wird, nichts, garnichts derartiges finden, und doch mufsten damals ebenso wie heute solche Zeichen als Unterscheidungsmerkmale einige Bedeutung gehabt haben.

Dafs aber überhaupt neben den cabarets, tavernes, auberges und herbergeries diese hostels einen mehr privaten Charakter trugen, ich möchte zum Vergleich unsere hôtels garnis oder chambres garnies heranziehen, geht daraus hervor, dafs es an einer besonderen Gattungsbezeichnung fehlt, dafs immer ein gewisses patriarchalisches Verhältnis zwischen dem Wirt und seinen Gästen besteht, ich erinnere an den Wirt, bei welchem Floire einkehrt,[1]) dafs ferner die Gäste sich häufig selbst beköstigen,[2]) vor allen Dingen aber, dafs in den règlements sur les arts et métiers . . , wo doch mehr als 100 Gewerbe, öffentliche Berufsarten und Korporationen aufgezählt und die Kneipen (tavernes) und Garküchen (oieries) mit ihren gesetzlichen Verordnungen und Bestimmungeu angeführt sind, öffentliche Logierhäuser sich nicht erwähnt finden.

Aufserdem giebt es zahlreiche Beispiele, wo Personen neben ihrem eigentlichen Berufe in ihrem ostel Fremde zum vorübergehenden Aufenthalte aufnehmen.[3]) Die meisten machen daraus natürlich ein Geschäft, wie unsere Zimmervermieter und Vermieterinnen, denn schon damals konnte man von den Menschen sagen, was der Dichter des fabliau de l'ermite qui s'acompaigna a l'ange (Méon, Rec. II.) sagt: Encor est il en pluseur lieu Qu' en aime miex denier que Dieu. Aber auch nicht wenige Fälle trifft man an, in denen reiche und vornehme Bürger, die Mahnung des Dichters beherzigend: Rices bourgois emparentes, Qui em boine ville ies rentes, Soies preudons be bonne vie, Tout sans orguel et sans envie, S'onneure clers et cevaliers Et soies courtois hosteliers (Baud. de Condé), dem Reisenden par carite, por Dieu, por amor Jesu Crist, le fil Marie, por l'amistiet de dieu, le fil Marie etc. Gastfreundschaft gewährten.[4])

Das christliche Gefühl, dafs wir verpflichtet sind, dem Nächsten in der Not zu helfen, war nicht ganz erloschen, wenn wir es auch gerade bei denen am allerwenigsten finden, welche berufen sind,

---

[1]) Fl. et Bl. 1037. — Am. et Yd. 4043. — Baud. de S. XVI. 112. — [2]) Jouf. 1537; 1619. — Joufr. 2271. — Fl. et Bl. 1031. — [3]) Fl. et Bl. 1199. — Og. l'Ard. 4010. — Ren. de M. 127, 26. — Manek. 5825. — [4]) Aiol 1869. — Guil. d'Or. V. 2726. — Aiol 2003; 2258. — Aiol 1101. — Gilles de Ch. 4241. — La vie de St.-G. 1054; 1076. — Viol. 2275; 5076. — Lai d'Havelok 667. — Cl. et L. 18103. — Macaire 1334. — Hug. Cap. 5620 etc. etc.

die Menschen dieses Gefühl zu lehren, bei den Geistlichen. Immer erscheinen sie, obwohl im Besitze eines bedeutenden Wohlstandes, als hartherzig und der rohesten Sinnlichkeit, dem uneingeschränktesten Eigennutz ergeben. Das Beispiel des Priesters Silvestres in dem fabliau: Du prestre et du chevalier, Mont. II. p. 46, welcher nach langem Widerstreben sich endlich bereit finden läfst, einen Ritter mit seinem Knappen aufzunehmen, ist in dieser Beziehung besonders lehrreich. Beim Betreten einer Stadt begegnet der Ritter einem Manne, zu welchem er sagt: „Biaus sire, Dix te saut; par l'ame ton pere, Enseigne moi le plus riche homme de ceste vile, c'est la somme.“ Dist li vilains: „C'est nostre Prestres.“ Dann giebt er aber eine sehr schlechte Auskunft über den Charakter dieses Priesters; die andern jedoch, meint er, seien noch schlimmer. Car de II. maus prent on le mieux. Zuerst weist ihn der Priester kurz ab; nes le Roi würde er aufnehmen, Car du faire ne sui tenus Qu'il ne me plaist, ne je ne voeil, . . . Ne or ne quier avoir maisnie, Fors moi et me nieche et m'amie, Qui me doit anuit aïsier. Schliefslich nimmt er ihn zwar auf, aber der Ritter mufs ihm versprechen, für jedes einzelne Gericht, welches ihm aufgetragen wird, V. sous zu zahlen. Dans Silvestre, li capelains, Qui avoit ouvertes ses mains Tous jours au prendre et au recoivre, rechnet dann so geschickt, dafs eine Rechnung herauskommt, gegen welche selbst die unverschämteste moderne Hotelrechnung bescheiden genannt werden mufs.[1])

Mehrfach ist es sogar der provost der Stadt, welcher Reisende bei sich aufnimmt,[2]) bisweilen allerdings unter eigenartigen Bedingungen. So will z. B. der provost in Richard li Biaus, bei Gelegenheit eines Turniers, nur einen Ritter in sein ostel aufnehmen, welcher Herzog oder Graf ist und mindestens 40 escus mit sich führt,[3]) und der provost von Tourmaday in Blancandin fordert sogar, dafs derjenige, welcher Unterkunft in seinem Hause wünscht, ihn erst im Kampfe besiege, eine Forderung, die uns weiter unten beschäftigen wird.

Unser seneschal ist in einer glücklichen Lage. Er braucht nicht auf die Wohlthätigkeit andrer zu rechnen, er braucht nicht um ostel bittend umherzuziehen. Sein Herr ist reich, und wer Geld hat, findet schon ein Unterkommen: Mais se tu as argent,

---

[1]) Ähnlich B. et M. IV. p. 2, 30 ff. — [2]) Huon de B. 3986. — Rich. li B. 1071. — Aye d'Av. 2445. — [3]) Rich. li B. 4526.

Tu trouveras ostel, antwortet im fabliau (Jub. Nouv. Rec. I. p. 63) der Mann dem varlet auf die Frage se pour Dieu trouveroit hui mais ou herbergier.[1])

Da er schon mehrmals mit seinem Herrn durch die Stadt gezogen ist, braucht er auch nicht lange sich nach einem bon ostel zu erkundigen und seinen Herrn vor der Stadt warten zu lassen, bis er ihm melden kann, daſs er das Gesuchte gefunden. Er weiſs, daſs der bourgeois Gautier, welcher auf dem Markte, an der Ecke, in jenem schönen Hause wohnt, ihn herzlich willkommen heiſsen wird.[2])

So reitet er denn mit seiner kleinen Schar achtlos an dem Wirte vorbei, welcher vor der Thür seiner auberge stehend ihm zuruft: „Or cha, sire, . . . descendes a bandon, Chaiens seres servis a vo devision, Vous i ares bon vin, boin pain et bon pisson.“ (Baud. de S. XVI 112 ff.)[3])

Dans Gautier ist, wie vorausgesehen, höchlichst erfreut über den zu erwartenden Besuch.[4]) Sofort werden die Zimmer zurecht gemacht, und die Diener machen sich schleunigst an die Bereitung des Mahles. Was man nicht bei sich führt oder im Hause vorhanden ist, wird in der Stadt, in den estaus eingekauft,[5]) und als der Herr mit seiner Begleitung anlangt, brauchen sie nicht lange auf das Essen zu warten.

Eine allgemein eingeführte Meldepflicht der angekommenen Fremden finden wir zwar erst im Jahre 1407 erwähnt,[6]) dennoch müssen schon früher einzelne Herren die Bestimmung getroffen haben, daſs die Ankunft von Reisenden, vielleicht nur der bedeutenden, ihnen anzuzeigen sei. Darauf deutet wenigstens das, was im Cleomades vom König Meniadus erzählt wird.[7])

Unsere Reisegesellschaft ist von dem langen Ritt hungrig und müde geworden. Kaum haben sie daher gegessen und getrunken, als sie sich zur Ruhe begeben.

Über die Wegstrecke, welche an einem Tage zurückgelegt wurde, finden sich nur selten bestimmte Angaben, und auch diese

[1]) Baud. de C. II. p. 191, 754. — Méon (Rec. de F.) II. De l'ermite qui . . . 171 ff. — [2]) Chast. de C. 2936. — Og. l'Ard. 4010. — Gauf. 3934. — Ren. de M. 133, 29. — Raoul de C. 7660; 8106. — [3]) Baud. de S. VIII. 760. — B. et M. I. 360, 140. — Mont. I. p. 72. — [4]) Baud. de Seb. XVIII. 127; XVII. 901; XXII. 622. — Gauf. 4943. — Am. et Yd. 3035. — [5]) Fl. et Bl. 1031. — [6]) Mich. et F. p. 228. — [7]) Siehe p. 55.

werden nicht auf grofse Genauigkeit Anspruch machen können.[1]) Meist begnügen sich die Dichter mit ganz allgemeinen Redensarten z. B. Le jor ont faite grant jornee oder ähnlich.[2])

Am nächsten Morgen geht man zunächst natürlich in die Messe,[3]) denn es ist die Pflicht des Ritters, bekräftigt durch den heiligen Schwur bei der Ritterweihe, jeden Tag mit Messe und Andacht zu beginnen.[4]) Dann aber bricht man, wie am ersten Tage, in aller Frühe auf, nachdem man dem Wirte die Rechnung bezahlt, ihn vielleicht auch durch ein besonderes Geschenk, Becher, Pferd, Kleidungsstück erfreut hat.[5])

Der Weg ist unserem seneschal noch wohl bekannt. Er braucht also nicht, wie man es sonst wohl that, beim Wirte sich darüber belehren zu lassen;[6]) ebensowenig braucht er auf Wegweiser zu achten[7]) oder Reisende, welchen man auf der Landstrafse begegnete, zu fragen.[8])

An diesem zweiten Tage der Reise ist es nicht möglich, zur Nacht eine Stadt zu erreichen. Doch das schadet nichts. Man ist, wir wissen es schon, auf solche Möglichkeiten hinreichend vorbereitet. In der Nähe eines Flüfschens oder Baches, denn man braucht Wasser für die Tiere, wird wieder halt gemacht, die Koffer werden von den somiers und mulets heruntergenommen und ausgepackt, die Zelte aufgerichtet und die paiscons, wir sagen heute „Heringe", in den Boden geschlagen.[9]) Im Innern werden dann die Betten, Stühle, auch Tische aufgestellt,[10]) der Boden vielleicht noch mit Blumen und Grün bestreut,[11]) und das hostel für die Nacht ist fertig, nicht schlechter, als man es in der Stadt haben könnte.

---

[1]) Gui de B. 168. — Du prestre et du ch. (Mont. II.) 22. — Vgl. auch die Berechnung der Tagesstrecken, welche A. Schultz p. 519 an die Reise der Boten des Jehan de Dammartin (Blonde of O. 5055 ff.) anknüpft. — [2]) Li Biaus D. 6073. — La Mort Aym. de N. 498. — Chast. de C. 6294. — Berte a. g. p. 3321. — Raoul de C. 7655. — Li Biaus D. 587. — Erec 6522. — [3]) Raoul de C. 8110. — Aiol 1251; 2224. — Durm. li G. 8272. — [4]) Schultz p. 111. — [5]) Fl. et Bl. 1331. — Doon de M. 6111. — Rich. li B. 1120. — Erec 3488. — Fl. et Bl. 1144. — Baud. de S. XVI. 156; XVI. 1019. — Rich. li B. 1284; 3290; 4773. — Gilles de Ch. 1026; 2274; 1251. — Jouf. 2297. — Chev. au c. II. 784. — Aiol 7154. — [6]) Nouv. frç. en pr. p. 170. — [7]) Baud. de C. I. 208, 120. — [8]) Durm. li G. 9320. — Li Biaus D. 5346. — [9]) Cl. et L. 19 883; 14 855; 8219. — Guil. d'Or. V. 4331; 4455. — Ren. de M. p. 58; p. 58, 23. — Perc. 38 570. — [10]) Jouf. 1238. — Durm. li G. 3073. — Perc. 24 340. — Og. l'Ard. 8906, 8915 etc. — [11]) Jouf. 965. — Perc. 32 616.

Auf diese Zelte, tantes, tres, paveillons, aucubes,[1]) welche in damaliger Zeit natürlich eine grofse Rolle spielten, wurde grofser Luxus verwandt. Im Roman d'Alixandre kann sich der Dichter gar nicht erschöpfen in der Beschreibung des prächtigen Zeltes Alexanders des Grofsen, p. 53, 27: De l'tref roi Alixandre voel dire la faiture. Il ert et grans et les et haus a demesure; l'estace en fu d'ivore, a rice entalleure; quant ele estoit drecie, il n'i paroit jointure. Li cies en estoit d'or, tous a noeleure; II. pumiaus i a teus ki bon sont par nature; li I. est d'un carboucle qui luist par nuit oscure, li autres d'un topasce qui piere est nete et pure, et tempre de l'solel ardor et fait froidure. Apres pores oir quel est la converture. Ja de millor n'ores, tant com li siecles dure; quar tout li IIII. pan estoient sans jointure. De fin or Espagnois estoient li paiscon, st les cordes de soie qui tendent environ; si ot avoec melle plume d'alerion. On ne les puet trancier de fier, ne d'acier bon; li IIII. pan sunt fait de diverse facon; l'uns est plus blans qu'ivoirs et clers con siglaton, et li autres plus noirs que ne soient carbon, et li tiers fu vermaus, tains de sanc de dragon, et li quars fu plus vers que colet de plancon . . . de l'poil fu d'une beste qui Salemandre ot non; . . . et quant il est ploies et mis en quaregnon se l'met on en I. cofre qui fais est d'un Grifon. Li huis de l'pavillon est fais d'autre maniere de le piel d'un serpent . . . ele est claire et luisans plus que ne soit verriere, . . . Sor le feste de l'tref u sunt li doi pumiel, da sitzt ein kostbarer Vogel en semblance d'un aigle. . . . Das Innere des Zeltes ist nicht minder reich mit bildlichen Darstellungen aus der Erd- und Himmelskunde und aus der griechischen Sage geschmückt.

So prächtig wie dieses Zelt sind nun freilich die andern nicht,[1]) aber Seide Gold und Elfenbein ist niemals gespart.[2])

Für die escuiers und die Trofsknechte ist allerdings weniger gut gesorgt; sie müssen sich mit aus Baumzweigen hergestellten Lauben begnügen. Diese gewähren zwar nicht so viel Schutz wie ein Zelt, aber wir sind ja en mi mai![3]).

Das Mahl wird in derselben Weise wie das am ersten Tage beschriebene Mittagsmahl bereitet und eingenommen.[4])

---

[1]) Vgl. dazu: Estoire de la guerre sainte p. p. G. Paris, Glossaire. — [2]) Karls Reise 83. — Chr. des d. de N. 18358. — Rich. li B. 1596. — Vgl. hierzu: Gautier, La Chevalerie p. 731. — [3]) Br. des R. L. II. 8909; 10655. — Baud. de C. II. 751. — [4]) Guil. d'Or. II. 783.

Der nächste Tag, es ist der dritte seit der Abreise, bringt uns ans Ziel, die Stadt, in welcher, sagen wir, ein grofses Turnier abgehalten werden soll. Der Fürst des Landes will selber daran teilnehmen, und daher ist denn die Beteiligung der Edlen eine über Erwarten grofse. Von allen Seiten kommen sie, zum Teil mit grofser Begleitung angezogen[1]), und schon auf den Landstrafsen, welche zur Stadt führen, herrscht Lärm und lebhaftes Gedränge[2]).

In der Stadt selber sind schon alle Häuser mit Gästen belegt[3]). Einzelne Knappen sind bereits in dem Eifer, für ihre Herren um jeden Preis ein ostel zu besorgen, in ernste Zwistigkeiten mit einander geraten[4]). Ja, in Marlborough kommt es, nach der Histoire des Ducs de Normandie et des Rois d'Angleterre, zwischen den Leuten des Joffrois de Mandville und denen des Guillaume Brunierre sogar wegen der ostels zum regelrechten Kampfe[5]).

Da bleibt unserm Herrn nichts anderes übrig, als es ebenso zu machen, wie es schon viele andere vor ihm gemacht haben, nämlich die Zeltgeräte auspacken und vor den Thoren aufschlagen zu lassen. Ein wahres Heerlager zieht sich auf den Wiesen und in den Gärten, welche dadurch natürlich arg verwüstet werden, rings um die Stadt[6]).

Hat der Fürst eine Einladung zu irgend einem Feste, z. B. einer Hochzeit ergehen lassen, dann ist es selbstverständlich seine Pflicht, für die Unterbringung und Verpflegung seiner Gäste entweder in seinem Schlosse oder, wenn dort kein Platz mehr ist, bei Bürgern in der Stadt zu sorgen[7]).

Das grofse Fest hat auch viel Volk angelockt, denn man benutzte häufig ein Turnier zur Abhaltung eines Marktes[8]).

Krämer, Jongleure, cabaretiers, taverniers und zahlreiche Vertreter noch bedenklicherer Zünfte lärmen, hämmern, schreien und zanken in diesem Gewirr von Karren, Buden, Zelten, Reit- und Lasttieren. Es ist ein buntes, bewegtes und lärmendes Bild, das

---

[1]) Durm. li G. 6641. — [2]) Br. des R. L. 6613. — [3]) Oct. 52. — [4]) Torn. Ant. 358. — [5]) Hist. des d . . . p. 116. — [6]) Char. 5512. — Torn. Ant. 368. — Aye d'Av. 1278. — Chev. as II. e. 5297. — Ren. de M. 143, 17. — Brut. 10 609. — Chev. as II. e. 12 152. — Manek. 8346. — [7]) Baud. de Seb. II. 805. — Horn. et R. p. 20. — Fl. et Bl. 2173. — [8]) Part. de Bl. 6546.

sich uns darbietet, ungefähr wie dasjenige, welches uns in den Branches des Royaux Lignages der Chronist von dem Lager der Franzosen in Fampons bei Arras entwirft, 10681: En l'ost ca et la, par les rues, Resont les bonnes gens menues, Qui du traval de lor cors vivent, Et qui, pour gaaingnier, l'ost sivent. Cil font petiz forniaus et fors Es fossez pres des quarrefors; Moult se sont du faire hastez. La cuisent tartres et pastez. Taverniers, dont mainz sont en detes, Ront tonniaus de vin en charretes, Qu'aus soudoiers qui en demandent Troubles, atout la lie, vendent. Li autre leur godales crient, Qui est d'Arras, si comme il dient. Ca et la roissiez vieillotes Crier haut a diverses notes Les unes pour fourmages vendre Autres pour pain dur et tendre. Cil cuisinier les poz rescument.

Eine notwendige Folge des Zusammenströmens so grofser Massen ist eine Steigerung der Preise für Lebensmittel: Chiere fu vitalle que li chevalier quistrent; V sols i vent on l'oe, XX deniers la geline. S'auques i demorassent, mult fust ciere la vie. (Ren. de M. p. 143, 22).

Es ist unter diesen Umständen keine leichte Aufgabe für den seneschal, einen anständigen Lagerplatz ausfindig zn machen. Endlich gelingt es ihm. Während sich nun die Knechte sofort an die Arbeit machen und die Zelte für den Herrn, seine Begleiter und Begleiterinnen aufschlagen, für sich selber aber aus Zweigen loges erbauen, begleiten wir die Gesellschaft in die Stadt.

Wir kommen gerade noch rechtzeitig an, um dem Einzuge des Fürsten, dessen Ankunft schon gemeldet ist, beizuwohnen. Die Strafsen sind festlich geschmückt. Kostbare Stoffe ziehen sich von Haus zu Haus, und der Boden ist mit Blumen bestreut[1]). Die Fenster der Häuser in der Einzugsstrafse sind, genau wie heute bei ähnlichen Anlässen, mit fröhlichen, lachenden Gesichtern dicht besetzt und in den Strafsen selbst wimmelt es von fremden und einheimischen Neugierigen, so dafs der feierliche Zug, welcher dem Fürsten entgegengeht, kaum hindurchkann[2]). Überall, wohin wir blicken, lautes, freudiges, lärmendes Leben und Treiben, welches seinen Höhepunkt erreicht, als der Fürst mit seinem glänzenden Gefolge sichtbar wird.

---

[1]) Jouf. 691. — Guil. de P. 2921. — Auberi 158, 9. — Raoul de C. 8184. — Dol. 3008. — Erec 2354. — [2]) Jouf. 682. — Cleom. 16240. — Viol. 706. — Hist. des ducs de Norm. p. 196.

Der nächste Tag ist ein Ruhetag; man ruht sich von den Anstrengungen der Reise aus und stärkt sich für das am folgenden Tage beginnende Turnier. Zugleich benutzen ihn die Herren auch dazu, sich gegenseitig und den Damen Besuche abzustatten[1]). Die Wohnungen der einzelnen Herren erkennt man an ihrem Schilde, welches die Knappen gleich bei der Ankunft an der Thür oder an einem Fenster des Hauses angebracht haben[2]).

Die Tage des Turniers sind Tage des Festes und der Freude, für die Sieger freilich nur. Auch unser Herr ist siegreich gewesen und hat einige Pferde im Kampfe erbeutet. Aus Freude darüber veranstaltet er ein grofses Fest, zu welchem er seine Freunde und Bekannten, wenn wir einigen Dichtern unbedingten Glauben schenken wollten, alle Ritter der Stadt einlädt[3]). Er hat zwar nur ein Zelt, in welchem er sie empfangen kann, aber es ist durch Decken, die man mit Hilfe von Stangen aufgespannt hat, erweitert worden, festlich geschmückt, mit zahlreichen Kerzen aufs glänzendste erleuchtet, und der seneschal versteht es vortrefflich, alle unterzubringen. Übrigens entschädigen die reichen und köstlichen Speisen und Getränke und auch die angenehme Unterhaltung, welche der Wirt seinen Gästen durch einige menestrels bereitet, für den Mangel an Raum[4]).

Das Turnier geht schliefslich zu Ende. Die Zelte werden zusammengelegt, die Koffer werden wieder gepackt und auf die somiers geladen, der Wirt, falls man bei einem borgois in der Stadt gewohnt hat, bezahlt und zwar häufig mit den im Turnier gemachten Beutestücken, namentlich Pferden[5]), dann geht's wieder in aller Frühe, aber par petites jornees nach Hause[6]).

Allein nicht allen brachte ein Turnier Ehre und Gewinn. Mancher war unglücklich und kehrte, nachdem er wie der Ritter in dem fabliau Du prestre et du chevalier alles verloren, toute sa compaignie et toute sa maisnie, Et son harnas et son conroi, arm und desbaretes nach seiner Burg zurück[7]).

Einen solchen Aufwand, wie der Ritter, welchen wir eben zu einem Turniere begleitet haben, konnten sich natürlich nur sehr wenige, nur die allerreichsten gestatten. Die ganze grofse Zahl

---

[1]) Cleom. 16 688. — Durm. li G. 8253. — [2]) Torn. Ant. 334. — Manek. 2674. — Char. 5526. — [3]) Joufr. 2813. — Gilles de Ch. 4749. — Chev. au c. II. 802. — [4]) Jouf. 1076. — [5]) Gilles de Ch. 944; 1026. — [6]) Guil. d'Or. II. 837. — Esc. 23 362; 24 403. — [7]) Du prestre et . . . (Mont. Rec. gen.) 5: . . .

der jungen ritterlichen Helden, welche uns auf der Landstraſse begegnen, welche die Heimat verlassen haben, um, wie es ihnen Philippe de Remi riet, drauſsen im Kriege oder im Turnier Ruhm, Ehre und Vermögen zu gewinnen, bieten uns ein ganz anderes Bild dar. Die Art, wie sie reisen, ist bedeutend einfacher, sie ist reich höchstens an Entbehrungen, und oft genug erregen sie durch ihre kümmerliche Lage unser lebhaftes Mitgefühl in demselben Maſse, wie Gauvain den barmherzigen Sinn des Eremiten rührt, welcher ihn freundlich aufnimmt, weil er selber fahrender Ritter gewesen ist und wohl weiſs, de quel pie clocoient Cil ki ensi errant aloient[1]).

Dafür aber sind ihre Fahrten um so interessanter, um so viel ehrender, um so viel romantischer im eigentlichsten Sinne des Wortes. Sind diese jugendlichen Helden es doch, welche von Thatendrang förmlich überflieſsend und stets bereit zum Kampfe für die ritterliche Ehre und die bedrängte Unschuld, mit ihren wunderbaren Thaten die endlosen Erzählungen der menestrels füllen und die mit ihrem Umherziehen, ihren Ideen und ihren Kämpfen den Begriff „Romantisch“ geschaffen haben.

Sie waren zufrieden, wenn sie a peu de frait auf einem destrier in Begleitung eines Knappen und vielleicht noch mit einem palefroi in die Ferne ziehen konnten[2]). Einen Knappen aber muſsten sie haben. Er besorgte ihnen die Pferde, führte unterwegs den destrier, während sie selbst den palefroi ritten, trug ihnen einen Teil der Waffen, stand ihnen im Kampfe bei, suchte, wie schon ausgeführt, für sie ein ostel und half ihnen beim Aus- und Anziehen.

Ohne Knappen zu erscheinen, galt als nicht standesgemäſs, als armselig und erregte überall berechtigtes Aufsehen[3]). Der tapfere Guillaume d'Orenge, welcher aus gewaltigen Kämpfen mit den Sarazenen glücklich entronnen ist und allein in zerhauener Rüstung und zerrissener Kleidung zum König Ludwig mit der dringenden Bitte um Hilfe kommt, wird von diesem sogar in höhnischer Weise vor allen Groſsen des Reiches deshalb getadelt: Trop pourement venez or cortoier: Dont n'avez vos serjant ne escuier, Qui vos servist a vostre deschaucier?

---

[1]) Chev. as II. e. 3751. — Mont. VI. p. 69. — [2]) Jeh. et Bl. 91. — Chast. de C. 4267. — Gauf. 5328. — Esc. 467. — [3]) Huon de B. 119. — Baud. de S. XI. 74. — Aiol 2080. — Gaydon 4187. — Elie de St. Gile 1080. — Blancandin 868.

Und doch gab es viele arme Teufel, welche mehr Thatendrang als deniers besafsen und die sich daher den Luxus eines Dieners nicht leisten konnten. Der vollkommenste Typus dieser Klasse abenteuernder Ritter ist Aiol, ein wahrer Ritter an Herz und Sinn, ohne Furcht und Tadel, aber arm und weltunerfahren [1]). Nur IV sols konnte ihm sein Vater mitgeben [2]), und wir haben schon gesehen, dafs seine Mutter in Sorge wegen seiner Unerfahrenheit ihn gar nicht fortlassen wollte. Unbekümmert um die spöttischen Reden der Bürger von Orliens und Poitiers [3]) zieht er auf Marchegai, seinem Streitrofs, in der alten Rüstung seines Vaters, in welche er erst noch hineinwachsen soll, seine Strafse. Er weifs, was er will, und läfst sich nicht beirren, obgleich es für ihn gewifs recht schmerzlich ist, wenn er dem forestier Tieri, als auch er sich über Aiols ärmliches Aussehen wundert, erklären mufs: Je sui uns chevaliers, plus povre ne veres; N'a pas encore I. mois que je fui adobes: Si n'ai point d'escuier, che sachies par verte, Par besoing porc mes armes, si com che le vees: Je n'ai frabaut ne cofre u les puisse bouter, Neis tant d'autres dras u les puise celer, Ne je les voil laisier n'en chastel n'en chite, Car tost m'aront mestier, tex me peut encontrer.

Merkwürdigerweise sehen wir aber auch Ritter ganz allein ausziehen, welche sehr wohl in der Lage wären, einen escuier mitzunehmen. Ja die Gavain, Yvain, Perceval und andere scheinen grundsätzliche Gegner dieser Sitte zu sein. Wir gehen kaum fehl in der Annahme, dafs sie aus demselben Grunde auf Begleitung verzichteten, wie Durmars li Galois, welcher beim Aufbruch erklärt, 1318: Mais ja valles, ne chevaliers ne venra en ma compaignie; Quar je ne vuel pas, que l'on die, Se je truis alcune aventure Qui soit perillose, ne dure, Que li uevre soit achieve Fors por moi et por ma pensee; Quar se je chevaliers menoie Et je aventures trovoie Ou j'ocezisse X. gaans, Ja n'en seroit mes pris plus grans; Ains diroit om communalment, Que ce seroit fait par ma gent . . . Li rois et la roine voient, Que retenir ne le poroient, ne tant ne li sevent proier, Qu'i vossist mener chevalier, Vallet ne garcon ne serjant.

Guillaume zieht im Moniage Guillaume ohne jede Begleitung aus, weil er die Welt verlassen und in ein Kloster gehen will, [4])

---

[1]) Aiol 194. — [2]) Aiol 238. — [3]) Aiol 946; 1999. — [4]) Li Moniages Guil. 70. — Raoul de C. 7145.

und Richars li Biaus bricht allein zu einem Turnier auf, um von niemandem erkannt zu werden.[1])

Noch vielmehr als für den in Gesellschaft reisenden Ritter, war es für den einzelnen notwendig, immer gewaffnet zu reiten. Er zog ja gerade aus mit dem Wunsche, Abenteuer zu bestehen, da mufste er also doch stets zum Kampfe bereit sein.[2]) Selbst den Helm trägt er häufig auf dem Kopfe und nimmt ihn nur ab und hängt ihn an den Sattelbogen, wenn die Hitze allzu lästig wird; dann schnallen sie auch noch die ventaille ab und werfen die coife zurück auf die Schultern.[3]) Wo hätte er aber auch die Waffen lassen sollen? Den Schild und die Lanze trug freilich der escuiers. Das war schon genug, mehr konnte man ihm nicht aufbürden, und einen sommier führen diese fahrenden Edlen selten mit. Dazu hätte es wieder noch mindestens eines Knechtes bedurft, und das hätte den Zug schwerfälliger, vor allen Dingen aber teurer gemacht.

Ritter, welche als Boten reiten, führen als Waffen bisweilen nur das Schwert. Wenn sie auch noch mit der Lanze bewaffnet sind, dann halten sie die Spitze nach hinten gerichtet: Qui en tel point ert, vraiement savoit Que de nului ja garde n'i aroit.[4]) Aufserdem tragen sie aber noch häufig einen Stab, welcher zusammen mit dem Handschuh das Zeichen ihrer Sendung ist.[5])

Zu seiner Belustigung mag auch ein einzelner Ritter gelegentlich einen Jagdvogel mitgenommen haben. Der Ritter, welchem Agravain begegnet und der ihn zum Kampfe herausfordert, trägt wenigstens einen auf der Hand,[6]) und auch Marotte, die freundliche Tochter Guyon-le Gris', des Bürgers von Châlons, welche Gerars in seiner Krankheit so treu gepflegt hat, bittet ihn beim Abschied, er möchte zur Kurzweil und zum Andenken an seinen Wirt ihren Sperber mitnehmen.[7])

Grofse Mundvorräte mitzuführen, pastes und Wein in Schläuchen u. s. w., wie die reichen Herren es konnten, und wie es auch der Jäger zu thun pflegte, welchen Durmars im Walde antrifft,[8]) oder gar Zeltgeräte, war natürlich für den einzelnen Ritter nicht mög-

---

[1]) Rich. li B. 323. — [2]) Torn. Ant. 64. — Chev. au l. 173. — Bruns de la M. 3061. — Perc. 44 099. — [3]) Doon de M. 4345. — [4]) Enf. Og. 2054; 4460. — Raoul de C. 3260. — Prise de P. 2567. — Gauf. 3751. — Prise de P. 2925. — [5]) Brun de la M. 3206. — Ren. de M. 11, 6. — Guil. d'Or. I. 2356. — [6]) Cl. et L. 10 352. — [7]) Viol. 2275 ff. — [8]) Durm. li Gal. 10 489.

lich. Er verliefs sich auf seinen guten Stern, welcher ihn rechtzeitig in eine Stadt, Burg oder castel führen würde.[1])

Allein der hellste Stern wird einmal durch Wolken verdunkelt. Die Burgen liegen weit von einander entfernt, und da ereignet es sich denn leider nur zu oft, dafs unser Ritter, welcher durchs Land zieht, sans tenir voie ne sentier,[2]) im Walde ein ostel a la belle étoile suchen mufs. Das ist natürlich immer ein povre, ein mal ostel. Den ganzen Tag, ohne Nahrung vielleicht, auf dem Pferde zu sitzen, zum Abend auch noch kein ordentliches souper zu bekommen, und dann noch ohne Bett, ohne coute, linceuil, oreillier, tapis sich zur Ruhe niederlegen zu müssen, das ist wirklich peine et mal, denn ich glaube, die Verzichtleistung auf die letzteren Annehmlichkeiten wird der Ritter nicht viel weniger bitter empfunden haben, als die arme Berte.[3]) Ein schwacher Trost kann es da, meiner Meinung nach, für Perceval nur gewesen sein, dafs er sich im Walde sicherer fühlte, als in einer Feste oder hinter Mauern.[4])

Il convient de tel boys comme l'on a, faire le feu, sagt ein altfranzösisches Sprichwort,[5]) und besoing fet vielle troter, sagt ein anderes.[6]) Das Klagen hilft nichts; man mufs sich, so gut es eben geht, mit dem Unvermeidlichen abzufinden suchen. Der Ritter nimmt seinem Pferde Sattel und Zaumzeug ab, bindet es mit dem Zügel an einen Baum[7]) und versieht es, da es nur einen beschränkten Weideplatz hat, noch mit Gras, welches er mit seinem Schwerte abhaut.[8])

Das Pferd ist seine gröfste Sorge, welche einmal sogar Perceval die ganze Nacht keinen Schlaf finden läfst, sodafs er erst gegen Morgen einschläft.[9]) Um zu verhindern, dafs es sich losrifs und davonlief, band der Ritter sich häufig den Zügel um den Arm.[10]) Nachdem er sich dann entwaffnet, die Lanze hat er schon vorher an einen Baum gestellt, legt er sich auf den Rasen unter einem Baume nieder.[11]) Nur wenige mochten es, wie Gavain in Messire Gavain ou la Vengeance de Raguidel für nötig halten, aus Zweigen, welche sie mit dem Schwerte abhieben, sich eine loge zu bauen.[12])

---

[1]) Perc. 6696. — [2]) Chev. as II. e. 11 284. — Torn. Ant. 68. — [3]) Cl. et L. 10 081; 10 116; 11 719. — Perc. 33 360; 258; 25 750; 26 454. — Berte a. g. p. 931. — [4]) Perc. 24 444. — [5]) Comte d'Artois p. 95. — [6]) Rom. de Trubert (Méon, Nouv. Rec. I.) 1692. — [7]) Baud. de S. VI. 760. — [8]) Cl et L. 9574. — [9]) Perc. 24 452. — [10]) Rom. de Ronc. 347, 33. — Brun de la M. 3294. — [11]) Perc. 35 674. — [12]) 550.

Der Helm, noch häufiger der Schild, dient als Kopfkissen, die chape vielleicht als Decke.

Der Tag war heifs und der Ritt anstrengend, kein überladener Magen stört die Nachtruhe; so schlafen denn im allgemeinen die jungen Helden im kühlen Walde sanft bis an den Morgen und träumen von ihren amies, von weichen Betten, reich besetzten Tafeln, von Siegen, Ruhm und Ehre.[1])

Glücklicherweise war dies nicht die einzige Möglichkeit, die Nacht im Walde zu verbringen. Trotz ihrer grofsen Ausdehnung in damaliger Zeit waren die Wälder doch hier und dort von Menschen bewohnt, welche in ihrer Abgeschiedenheit uneingeschränkte Gastfreundschaft übten. Bauern, Köhler, Förster, Fischer, Mönchs- und Nonnenklöster, auch letztere öffneten ihre Pforten dem hilfsbedürftigen Wanderer, besonders aber Einsiedler sind stets gern bereit, was sie an Nahrung und Bequemlichkeit haben, mit dem einsam daherziehenden Ritter zu teilen.[2]) Das ist in den meisten Fällen nicht viel. Wo soll aber auch ein mitten im Walde, von aller Welt abgeschlossen lebender Eremit viande, deintaz n'autres ploiers herbekommen? Pain d'orge, herbes, cierfuel, laitues, cresson, crapes de vin, fruit de bos, eve claire, höchstens etwas cidre und bescuit als Nahrung und feuchiere, mousse, mentastre, fain, lit de jons et d'erbe fenee als Nachtlager,[3]) mehr kann er dem Gaste nicht bieten: Qui ne puet, ne puet.[4]) Nur der Eremit in Ren. de Mont. wartet diesem mit Pain et vin et bon let trestout chaut und der ehemalige Ritter im chev. as II. espées dem Gavain sogar mit paste froit de gheline (3751 ff.) auf. Was die frommen Männer aber haben, das geben sie von Herzen gern,[5]) und dankbaren Herzens nimmt's der Ritter an, denn für ihn heifst es: mieus vaut uns tien ne font deus con atent,[6]) und auch der vilain hat nicht unrecht, wenn er sagt: Li vilains dist, et si a droit, Que li hom plus a aise boit A la petite fonteniele Souventes fois quant ele est biele, Qu'a une grande ne feroit, Et

---

[1]) Li Biaus Desc. 5303. — [2]) Lai du Chievrefoil (M. de Fr.) 31. — Esc. 12 628. — Chev. as II. e. 9294. — Blancandin ou . . . 449. — Cl. et L. 12 994. — Chev. as II. e. 8258; 4973. — Durm. li Gal. 1549. — La Vie de St. Gile 2405. — Perc. 7034. — Cl. et L. 11 672. — Aiol 774 etc. etc. — [3]) Perc. 31 535. — Ger. de R. 358, 3. — Perc. 7873; 16 919; 26 266. — Aiol 538. — Esc. 2110. — [4]) Cleom. 1274. — [5]) Chev. as II. esp. 3727. — [6]) Mätzner, Altfrz. Lieder, p. 83, 38.

si dist ke mius ameroit Lui abaissier por mius avoir Que trop monter por lui doloir (Perc. 26 559).

Einmal jedoch verschmäht, noch dazu in verletzender Weise, ein Ritter, der Herzog Wilhelm von der Normandie, die ihm von den Mönchen von Jumièges, zu welchen er auf der Jagd kommt, guten Herzens angebotene Speise und Trank; dafür aber wird er gleich darauf in empfindlicher Weise gestraft: Ein wilder Eber fällt ihn an und richtet ihn übel zu[1]).

Bei einem Eremiten oder in einem Kloster hat der Ritter auch den Vorteil, dafs er dem Bedürfnisse seines Seelenheils durch Beichte und Messe genügen kann, und selten läfst er sich diese Gelegenheit entgehen[2]).

Am besten war es jedenfalls, wenn ihn der heilige Julian zu einer Burg führte. Dieser Heilige, welcher sich durch seine aufopfernde Thätigkeit im Dienste der Reisenden die Heiligkeit verdient hatte, galt als der treueste Freund und Beschützer aller derjenigen, welche in der Fremde, fern von Freunden und Verwandten, in Not und Gefahr sich befanden.

An ihn mufste man sich, aufser natürlich an Gott, die Mutter Gottes und Sankt Peter, ganz besonders wenden, wollte man ein gutes Quartier, ein ostel St. Julien finden[3]). Empfehlenswert war es, wenn man schon am Morgen das pater nostre St. Julien sagte[4]). Dieses Vertrauen des Reisenden teilt er, allerdings in einem für ihn günstigen Verhältnis mit dem heiligen Martin[5]).

Eine Burg war nun für unsern reisenden Recken ein solches ostel St. Julien. Hier war er sicher, alle die Annehmlichkeiten und die Pflege zu finden, an welche er gewöhnt war. Und wie freudig wurde ihm alles gewährt. Noch ehe er um Aufnahme gebeten, lädt man ihn ein, ja man drängt ihn sogar dazu, zu bleiben: Par la porte ou chastel entra. Ataut le seignor encoutra, Qu'a l'encontre li fu venuz, Puiz li dist come aparceuz: „Biau, tres doz sire, bien veigniez! Je vous pri, qu'a mal ne teigniez, Se je vous pri de herbergier, N'en devez pas faire daugier, Car

---

[1]) Chron. des ducs de N. (p. Will. Long. Epee) 10 907. — [2]) Esc. 2149. — Perc. 16 917; 44 069. — Aiol 1485. — [3]) Perc. 29 242. — Jub. Jongl. et Tr. 38, 102. — Villeh. (Conq. de C.) p. 573. — Am. et Yd. 3700. — La Vie de St. Gile 2497. — Berte a. g. p. 981. — Aiol 1721. — [4]) Baud. de C. I. p. 160. — Villeh. (Conq. de C.) p. 544. — [5]) Fl. et Bl. 1055.

il est assez pres de nuit“ (Cl. et L. 10 493)[1]); und wenn er dann wieder fort will, mufs er taub sein gegen die Bitten seines Wirtes, doch noch einige Tage zu verweilen.

Selbstverständlich denkt niemand daran, irgend wie Bezahlung oder Entschädigung dafür zu verlangen: „Sire“, che dist li ostes, „ne place al roi celestre, Al glorieus del ciel, qui le siecle governe, Nous en aions del vostre vaillant I. cenele. Onques nel fist mes peres ne le fist mes ancestres, S'il herberga franc home ne chevalier honeste, Que la nuit li vendist ne ostel ne herberge; N'endroit moi, se dieu plaist, N'enpira ia la jeste“ (Aiol, 6452). Nicht nur die christliche Lehre, sondern vor allen Dingen auch das Rittertum machten dem Ritter die Pflege der Gastfreundschaft zur heiligsten Pflicht und stets, sehen wir, wird diese Pflicht mit der herzlichsten Bereitwilligkeit ausgeübt[2]).

Die Dichter führen freilich vielfach Klage darüber, dafs die früher in der guten alten Zeit so hoch gehaltene Tugend der largece in der Gegenwart nicht mehr geübt werde[3]), dafs jetzt die Reichen ihre Häuser verschlössen, und dafs sie von jedem, der Eintritt begehre, einen parain forderten[4]).

Mit wirksamen Farben schildern sie besonders die schlimmen Folgen des Geizes auf den Charakter des Menschen[5]), und eindringlich predigen sie Freiherzigkeit und Freigebigkeit besonders gegen arme Ritter und menestrels[6]).

Dieser Pessimismus gründet sich aber wahrscheinlich nur auf die schlechten Erfahrungen, welche die menestrels in den Städten bei den reich gewordenen Bürgern machten. Die ritterliche Gesellschaft, die im Lande zerstreut auf ihren Burgen safs, stellte wie in politischer Beziehung, so auch in dieser, das konservative Element dar. Hier galten noch unverändert die alten Ideale, hier stellte man noch die largece, als deren Hauptträger man den König Alexander[7]), Charlemagne[8]), vornehmlich jedoch den König

---

[1]) Meon. (Nouv. R.) I. 131, 120. — Chev. as II. e. 8591. — Perc. 6548; 37 669 ff. — Durm. li G. 9147. — [2]) Cl. et L. 26 777. — Par. la D. 1400. — Aiol 1752. — Mer. p. 161. — Perc. 36 298. — Floov. 991. — [3]) Baud. de C. I. 111; I. 103, 138; I. 32, 40. — [4]) Blanc. 7. — Gilles de Ch. 4820. — [5]) Baud. de C. I. 33, 49. — [6]) Baud. de S. I. 912. — Li R. des Eles 241; 256. — Baud. de C. I. 58, 336. — Durm. li G. 15 911. — Blanc. 2397. — Doctr. de S. (Jub. Nouv. Rec.) II. p. 156. — [7]) Baud. de S. I. 907. — [8]) Baud. de C. III. 294, 149.

Artus ansah[1]), über alles, über die biaute, neben, sogar über die prouece[2]).

Schon um diese vornehmste Eigenschaft unverderbt auf seine Kinder zu vererben, sollte sich, nach der Ansicht des Dichters des Roman des sept sages, der Ritter vor Vermischung mit bürgerlichem Blute hüten: Cheualiers fausse molt ses loys, Quant il prent fille de borgois. Com erent larghe si enfant, Quant il ert demi marcheant?

Überdies trieb auch ein ganz natürliches Mitgefühl dazu, dem Reisenden freundlich und gastlich zu begegnen. Wie bald konnte jeder selbst in diese Lage kommen, und vilains est qui fet a autrui ce qu'il ne velt qu'en face a lui[3]).

Einer ganz besonderen Aufmerksamkeit erfreuen sich Gesandte, namentlich natürlich die Überbringer guter Botschaften, welche gut bewirtet und mit reichen Geschenken bedacht werden. Aber auch die Vermittler trotziger, frecher Herausforderungen werden stets mit der gröfsten Rücksicht behandelt, auch wenn sie sich noch so übermütig benehmen, und wenn ein natürlicher Drang noch so sehr zu sofortiger Vergeltung treibt[4]).

Häufig genug stöfst der fahrende Ritter im Walde auf den Besitzer einer in der Nähe gelegenen Burg und sofort wird er eingeladen, ihn dorthin zu begleiten. Damit nun aber die Bewohner der Burg durch die plötzliche Ankunft eines Fremden nicht überrascht werden, schickt der Herr einen Diener voraus oder reitet selbst, falls er allein ist, um alles für den Empfang vorbereiten zu lassen[5]).

In den meisten Fällen jedoch reitet der Ritter ohne besondere Anmeldung durch das offene Thor in den Schlofshof, wo vielleicht der Herr mit seiner Gattin auf einer Bank vor dem Eingange zum donjon sitzt, während einige Knappen auf dem Rasen ausgestreckt liegen. Sobald sie den fremden Ritter einreiten sehen,

---

[1]) Perc. 34190. — Baud. de C. I. 5, 127. — III. 293, 131. — [2]) Dol. 903. — Cleom. 8069. — Cliges 192. — Cl. et L. 387. — Chans. des S. 86, 1. — [3]) Du roi qui volt fere ardoir le filz . . . (Méon, Nouv. Rec.) II. 1. — [4]) Prise de P. 3088. — Ph. Mousk. 10228. — Eliduc (M. de F.) 119. — Dol. 491. — Conq. de la B. 324. — Prise de Pamp. 2714. — Cleom. 15451. — Octav. 3371. — Og. l'Ard. 4517; 4526. — Otinel 250. — Raoul de C. 8180. — Gayd. 3623. — Gir. de V. 1385. — Par. la D. 2917 etc. etc. — [5]) Méon (Nouv. Rec.) I. p. 131, 132. — Doon de M. 3426. — Chev. as II. e. 3987. — Perc. 22941; 7091. — Char. 2014.

springen gleich alle auf und eilen auf ihn zu, um ihn zu begrüſsen, ihm Gastfreundschaft anzubieten oder ihm behilflich zu sein[1]).

Ist der Herr zufälligerweise nicht zu Hause, dann geht ein Knappe und meldet die Ankunft des Fremden der Herrin. Bis diese nun zum Empfange bereit ist, befiehlt sie ihren Leuten, sie vorläufig bei dem Fremden zu entschuldigen und für die Unterhaltung desselben zu sorgen[2]).

Ebenso bereitwillig und herzlich werden auch andere Leute empfangen. War doch die Ankunft eines jeden Reisenden, der von drauſsen, von der Welt kam, eine angenehme Unterbrechung des einförmigen Lebens auf der Burg. Besonders gern nahm man Pilger aus dem heiligen Lande auf, da sie vielleicht etwas von dem auf einem Kreuzzuge abwesenden Vater, Gatten, Bruder oder Sohn erzählen konnten[3]). Nur gegen Priester scheint man ernste Bedenken gehabt zu haben, darauf deutet stark die sprichwörtliche Redensart im Baud. de Seb. VII. 582: S'en dist on I. parler en I. commun langage: Que qui nette maison voelt tenir par usaige, Ne prestre, ne coulon, ne tiengne en sa manage. Bei der argen Sittenlosigkeit der Priester, von der wir ein Beispiel im fabliau du prestre et du chevalier kennen gelernt haben, ist das nicht zu verwundern.

Übler war die Lage, wenn man erst nach Sonnenuntergang vor einer Burg anlangte. Dann waren die Thore geschlossen und man muſste erst ein längeres Verhör, womöglich unangenehme Scenen mit dem Pförtner durchmachen, ehe man Einlaſs erhielt[4]).

Der Pförtner war ein träger, schläfriger Geselle. Oft muſste man lange rufen, ehe er überhaupt oben über dem Thore am Fenster seiner Turmstube erschien und nach dem Begehr fragte: Qui est-ce la? oder Ki est ki la apiele?

Unterstand man sich etwa, durch Klopfen seine Aufmerksamkeit zu erregen, dann wurde er grob[5]). Grobheit und Frechheit waren neben der Trägheit seine Haupteigenschaften. Baudouin de Conde (I. p. 164, 345) macht einen solchen naseweisen vilain

---

[1]) Cleom. 9490. — Cl. et L. 10269. — Méon (Nouv. Rec.) I. 132, 208. — Perc. 25794. — Durm. li G. 3817; 5223; 9429. — Escanor 16242. — Char. 2508. — Atre per. 692. — Mont. VI. p. 79. — Perc. 39643. — [2]) Chast. de Coucy 121. — [3]) Ren. de M. p. 252, 36. — Auberi 61, 32 ff. — Baud. de Seb. XVI. 179. — [4]) Atre per. 720. — Méon (Nouv. Rec.) II. De la royne qui . . . . 106. — Perc. 2914; 36458. — Ren. de M. 311, 8. — Gaydon 8689 ff. etc. etc. — [5]) Auberi 59, 13.

von Portier einmal gehörig herunter: Tu ies vilains, et, par nature, Vilains sor toute creature Doit estre fel et mesdisans. . . . En vilain a mout pute bieste. . . . C'on l'en devroit, au voir reprendre, Plus haut d'un autre laron pendre.

Äufserst spafsig bis zu einem gewissen Punkte ist in dieser Beziehung die geradezu dramatische Scene in Elie de St. Gile, wo Guillaume, Bertram, Bernart de Brubant und Hernaut, von Sarazenen verfolgt, am Thore von St. Gile anlangen; 797: A la porte ont trove I. quiver mescreu. Prismes parla Guillaumes au cor nes de Leun: „Amis, evre la porte, que Damelde t'aihut! Au conte Julien voil je mander salu.“ Li portiers fu mout fel, glous et desmesures: Il ovri le guicet, quant il ot parler, Et a coisi Guillaume, le cief ot desarme, Lors a parle li glous, que Dieus puist mal doner: „Por auteus recouvrir ne por messe canter Ne vous fu mie faite la bouche sor le nes. Bien me sembles espie de cel autre resne, U vous estes Guillaumes, li marcis au cor nes. Or vous ales hui mais en cel bourc osteler Enfressi a demain que li jor parra cler, C'au conte Julien venres la sus parler. Quant Guillaumes l'entent, le sens quide derver; Il hurte le destrier, qu'il vaut laiens entrer. Li portiers saut en pies, s'a I. baston combre, Ferir en vaut Guillaumes, le marcis au cor nes. Quant li quens l'a veu, l'escu li a torne, Et li glous i feri qui fu fel et ires, I. grant piet li fendi de l'escu noele. „Oncle“, che dist Bertram, „vous a il adese?“ — „Nenil“, dist il, „biaus nies, la merchi Damelde.“ Et Bertram passe avant a loi de bacheler; Le poin senestre li a el cief melle, Eupoin le bien de lui, el fosse l'a jete; L'aigue fu grant et rade, aval l'en a mene.

Die stolzen Herren lassen sich eben solch' ein freches und grobes Benehmen nicht gefallen, und mehr als ein Vertreter der edlen Pförtnerzunft mufs, wie dieser hier, seine Bosheit und Unverschämtheit mit dem Tode büfsen [1]).

Das beste Gegengift gegen die üble Laune des Hüters des Thores ist der denier. „Denier fet cortois le vilain, Denier fet sa besoigne a Romme. Denier met vilain en parage. Dans denier fet les molins moudre, Denier rachate les pechiez“ [2]). Diese wunderbare, geheimnisvolle Kraft des denier erweist sich auch bei unserm Thorwart als wirksam [3]).

---

[1]) Ogier l'Ardenois 6024. — Aiol 2904. — Girard de Viane 17, 21. — Gaydon 3386. — [2]) Jubinal, Jongl. et Trouv. p. 38, 102. — [3]) Baud. de Seb. XVI. 758.

Der Graf von Flandern hat den Befehl erlassen, daſs niemand in die Stadt gelassen werde. So hofft er sich vor Auberis heftiger Liebe zu seiner Frau zu schützen. Auberi erscheint in Pilgertracht und bittet um Einlaſs. Der Ehrenmann an der Pforte aber kennt seine Instruktion: Er weist ihn unbarmherzig, sogar recht grob, wie das die Art der Pförtner ist, ab. P. 59, 24: „Sire truans, laissies vostre sermon; N'i entreres par le cors saint Simon." Da hört er den bekannten metallenen Klang, einen sehr hellen sogar: Auberi klimpert mit 3 Goldstücken. „Li portiers l'oit, li cuers li est leves." Ist das nicht prächtig einfach und doch anschaulich geschildert?[1]). Wir brauchen kaum zu sagen, daſs der Klang des Goldes den der Stimme des Gewissens übertönt.

Die Ausübung der Gastlichkeit war nicht nur eine vom Christentume vorgeschriebene und in dem ritterlichen Ideenkreise wurzelnde Verpflichtung. Einen Gast in seinem Hause zu haben, galt in der ritterlichen Gesellschaft als eine groſse Ehre, als ein rechtes Glück, und der Herr des Schlosses bietet alles auf, um dem Gaste zu zeigen, wie sehr er sich seinen Besuch zur Ehre anrechne, und um ihm seinerseits Ehre zu erweisen[2]).

Ist ein vornehmer Gast rechtzeitig angekündigt, dann rüstet man sich und das Haus zum Empfange wie zu einem Feste. Der Herr läſst die Wände des Saales mit kostbaren Decken und Stoffen behängen und den Fuſsboden nach damaliger Sitte mit Binsen, mit mentastre, Veilchen und andern duftenden Blumen bestreuen;[3]) er selbst legt mit seiner Familie Feiertagskleider an,[4]) und so festlich geschmückt, empfangen alle den Gast am Fuſse der Freitreppe. Der ritterliche Wirt verpflichtet seine Angehörigen und sein Ingesinde zur selben Liebe und Treue gegen den Gast, zu welcher sie gegen ihn verpflichtet sind;[5]) er ist mit ihnen zu Diensten bereit, welche sonst nur von Knechten und Knappen verrichtet werden,[6]) und die Versicherung, daſs er all sein Hab und Gut

---

[1]) Auberi 60, 24. — [2]) B. et M. III. 420, 394. — Char. 2056. — Chast. de C. 494. — Perc. 32 225. — Durm. li G. 5245; 8940; 9210. — Cl. et L. 4273; 10 519. — Aiol 6442. — Baud. de C. III. 293, 139. — [3]) Esc. 15 578. — Mes. Gav. ou la V. de R. 1776. — Chev. as II. e. 4008. — Gui de N. 434. — Chev. au c. II. 3490. — Aiol 7083. — Erec 471. — [4]) Méon (De la royne qui ocist . . .) Nouv. Rec. 139. — Manek. 5873. — Chev. au c. II. 3490. — [5]) Perc. 28 614; 7097. — Erec 463. — Floov. 1001. — Durm. li G. 3893. — [6]) Char. 2526. — Cl. et L. 10 835. — Aiol 6459; 6462.

dem Gaste zur freien Verfügung stellt,[1]) ist durchaus wörtlich zu nehmen.

Freilich, bemerkt man, dafs die Bezeugungen der Ehrerbietung einer gewissen Abstufung je nach dem Range des Gastes fähig sind, aber diese Abstufung ist nicht bedeutend genug, um den allgemeinen Charakter der Freude über die Ankunft eines Gastes wesentlich anders zu gestalten.[2]) Den höchsten Ausdruck findet dieses Gefühl der Freude und des Glückes in den Worten des Senators in Manekine: „Car Dix un hoste nous envoie A qui je voel faire grant joie", und in dem Ausrufe des Ritters, zu welchem der Karrenritter kommt bei der Meldung seiner Diener (2549: „Sire, sire, vos ne savez, Deus ostes chevaliers avez." — „Dex an soit aorez," fet il.

Aber vielleicht gerade weil diese Empfindungen herzlich und aufrichtig waren, wurden beim Empfange nur wenige Worte gewechselt. „Biaz, sire, Bien vengnies vous, par Dieu omnipotent, De vostre venir sui molt lies;" „Mult faites que cortois que veoir nos venes, Bien soies vos venu"[3]) oder ähnliche Wendungen, auf welche der Ankömmling mit einem einfachen: „Et vous, soies le bien trouvez" und dem mehrfach Damen gegenüber gebrauchten: „Et vous bonne aventure avigne" erwiderte, das war alles, was zur Begrüfsung gesprochen wurde. Selten, meist nur dem Höherstehenden gegenüber, schmückte man seinen Grufs mit Wünschen für das Glück und das Wohlergehen des andern. So begrüfst z. B. Auberi seinen Herrn, den Grafen von Flandern, mit den Worten: „Cil damedieus qui en crois fu penes Et qui fait croistre les vignes et les bles, Il saut et gart le conte et ses barnes, Lui et tous ciaus de cui il est ames" (96, 24) und erhält darauf als Antwort: „Sire Borgoins, bien soies vos trouves."[4])

Bei unfreundlichen oder gar feindlichen Beziehungen, wenn z. B. ein Gesandter eine Herausforderung oder einen demütigenden Befehl überbringt, unterbleibt der Grufs, ja noch mehr, der Ge-

---

[1]) Durm. li G. 4056. — Ren. de M. 311, 32. — Baud. de S. XVI. 197. — Meraugis p. 161. — Esc. 15090. — Baud. de C. II. 209, 1313. — Atre per. 4511; 3552. — [2]) Durm. li G. 4054; 9201. — Viol. 337. — Baud. de C. II 207, 1258. — [3]) Durm. li G. 3844. — Chev. as II. e. 4018; 4326. — Cl. et L. 10825. — Ren. de Mont. 311, 32. — Perc. 561. — Brun de la M. 3554. — Mont. (Rec. de f.) I; Du sot chev. — Huon de B. 5455 etc. etc. — [4]) Chast. de C. 164. — Chev. as II. e. 5186. — Raoul de C. 8171. — Lanval (M. de Fr.) 493. — Brun de la M. 446. — Baud. de Seb. XV. 1351.

sandte erklärt ausdrücklich, dafs er den Grufs verweigert: Il descendi lez la tente de paile, Si s'en entra el tref qui estoit larges: Iluec trova Looys le fil Karle. Il l'apela, voiant tot le barnage: Droiz empereres, entendes mon langage! Ne vos salu, n'est pas droiz que le face.[1])

Hieraus geht schon hervor, dafs der Grufs immer der Ausdruck einer freundlichen Gesinnung war. Ich kann daher nicht begreifen, dafs Gautier der Ansicht ist, der einfache Grufs habe für kalt gegolten,[2]) und dafs zu einer Begrüfsung die Umarmung und der Kufs gehört habe. Allerdings umarmen und küssen sich die Herren und Damen bei der Begrüfsung viel häufiger und auch in andrer Weise als bei uns heutzutage, nämlich nicht blofs auf den Mund, sondern auch auf die Wangen, die Augen, das Kinn und — die Nase,[3]) bei übergrofser Freude und Rührung auch die Füfse und Sporen.[4]) Immer aber bestehen, von wenigen Fällen abgesehen,[5]) zwischen den Begrüfsenden mehr oder weniger innige Beziehungen, welche auf Bekanntschaft, Verwandtschaft oder besondere Verehrung sich gründen. Auch bei dem von Gautier angeführten Beispiel aus Huon de Bordeaux (345) müssen wir uns vergegenwärtigen, dafs es die edlen Gesandten des kaiserlichen Lehensherren, Karls des Grofsen, sind, welche die Gräfin von Bordeaux durch Umarmung ehrt. Als Regel, wie Gautier es will, kann man diese Art der Begrüfsung dem Fremden gegenüber nicht bezeichnen; da heifst es nur: mult (tres) bel le salua oder ähnlich.[6])

Alle Damen küssen den Lucemien, den Sohn des Königs von Rom, Dolopathos, beim Empfange, 3067: Toutes les dames le besierent; Onkes por maris nel lessierent, ne por parent ne por ami. Wir sehen also, dafs nach der Anschauung des Dichters die

---

[1]) Chev. as II e. 203. — Ren. de M. p. 59, 18. — Prise de P. 2600. — La Conq. de la Bret. 397. — Otinel 63. — Ren. de M. 152, 22; 6, 34. — Réc. d'un menestr. de R. § 89. — Cl. et L. 24 604. — [2]) Gautier, Chevalerie p. 556. — [3]) Vie de St. Gile 2630. — Dol. 3045. — Ch. des S. 86, 1. — Chev. as II. e. 2415; 2514. — Aiol 9612. — Elie de St. Gile 2599. — [4]) Ren. de M. 218, 23. — Perc. 39 103. — [5]) Perc 24 638. — Chev. as II. e. 4018: Die von Gautier angeführte Stelle, Girard de Roussillon (trad. P. Meyer). p. 249, § 558, wo G. erst alle Berittenen brillants damoiseaux, dann aber auch noch sämtliche petites, welche ihm entgegenkommen, küfst, ist wohl eher eine Übertreibung des Dichters als des Girard. — [6]) M. Gav. ou la Veng. . . . 2027. — Durm. li G. 9439; 3886. — Chast. de C. 439. — Baud. de C. II. 207, 1233. — Perc. 28 666.

Angehörigen der Damen sich durch diese Form der Begrüfsung verletzt fühlen konnten.

Als Perceval zum ersten Male bei Brios de la Foriest Arsee zu Gast ist, heifst es: Une dame, es ist Brios' Frau, ki fu viestue . . . A son signor vient, si l'acole, A Piercheval refait grant joie (Perc. 28630); als er aber zum zweiten Male kommt, erzählt der Dichter (29566): Trestoute en itele fachon Saut (Perc.) contre eles (Dame und Tochter), si les acole; Et la dame . . . Le congoist et fait grant joie.

Bruns de la Montagne hat Durmars li Galois sehr freundlich aufgenommen (9147: „Sire“, dist il, „bien veignies vos, A nuit herbergeres o nos, Ce ne poes vos contredire“), aber erst als er erfährt, welch berühmten Helden er vor sich hat, umarmt er ihn (9201): Aoures soit dex de lasus, Cant vos chaens estes venus En cest ostel qui nostres est, De vos servir sommes tot prest.“ Lors le commence a acoler. In derselben Weise wird er dann auch von der Dame und ihren Töchtern begrüfst, 9218: De totes III. fu acoles Et salues premierement.[1])

Noch eine andere Stelle sei mir gestattet zum Belege meiner Behauptung anzuführen. Caradot wird in einen grofsen Saal geführt, in welchem eine Menge Damen und Herren sich befinden. Sie alle erheben sich zum Grufse;[2]) nur eine geht auf ihn zu und umarmt ihn: Entre ses bras molt tost le prent, S'el baise et dist moult belement: „Caradot, bien soies venans!“ — „Dame, li Dex de tous puissans Vos doinst grant joie et grant onor.“ Sour un cier palie de color, Jouste la dame s'est assis. Sie kennt ihn also schon und zwar näher, denn nachher beim Mahle erkundigt sie sich nach seiner Frau.

Wenn der Fremde am Fufse der Freitreppe, welche in den donjon oder palais hinaufführte, abgestiegen ist — Knappen oder zur besonderen Ehrung der Herr, seine Söhne, bisweilen sogar die Töchter und die Herrin selber haben ihm den Steigbügel gehalten[3]) —, werden ihm die Waffen, Helm, Schwert, Schild und Lanze abgenommen[4]) und sein Pferd in den meist im Kellergeschofs gelegenen Stall (estable, mareschie) geführt.[5])

---

[1]) Perc. 24850. — Gilles de Ch. 1995. — [2]) 15517. — Perc. 26762. — [3]) Perc. 36503. — Fergus 1600. — Ren. de M. 312, 2. — Vie de St. Gile 2645. — Chev. as II. e. 178. — Perc. 15500. — Aiol 2044. — [4]) Perc. 24843; 2966. — Durm. li G. 3831. — Ferg. 1620. — Brun de la M. 3577. — [5]) Perc. 28619; 29551. — Floov. 998. — Durm. li Gal. 9443. — Viol. 1561; 5093.

Derselben Aufmerksamkeit wie sein Herr erfreut sich auch der destrier. Man nimmt ihm Sattel und Zaumzeug ab, wischt ihm den Schweifs ab, reibt ihn trocken, striegelt ihn sorgfältig und giebt ihm schliefslich Heu, Hafer, Wasser und eine gute Streu,[1]) wenn es nötig ist, wird er auch neu beschlagen.[2])

Es ist natürlich, dafs man nicht bewaffnet die Wohnräume betrat, und doch mufs es eine Zeit gegeben haben, wo es notwendig war, besondere Bestimmungen hierüber zu treffen. Im Doon de Maience heifst es (6153): Nonques mes hons arme ne fu laiens trouves, Que deffendu estoit, VII. ans avoit passes . . . 6167: Il (Karl) a dit a Doon: „Vasal, que demandes, Qui si tres fierement sus nous vous embates, Armez et haubergies, si ne nous salues?"

Allerdings ist das ein Epos aus dem weiter zurückliegenden Karlskreise. Aber auch in den jüngeren Romanen werden uns Dinge erzählt, welche man kaum glauben kann. Wenn wir im Chev. as II. e 175 lesen: Dedens la sale pas n'entra A cheval, aucois ariesta Defors, s'est descendus a piet, so erscheint uns das als eine weitläufige, ganz überflüssige Bemerkung, und doch heifst es in eben dem Roman, 1215: Legierement en est venue A court (des Artus), mais n'est pas decendue, Ains entre en la sale a cheval . . . Et ele vint droit devant lui: Sire, boin jor aies vous hui Et toute vostre compaignie! Dist ele.[3])

Im allgemeinen jedoch ist die Gesellschaft der Artus- und Abenteurerromane gebildeter. Sie halten es schon für unschicklich, mit dem Mantel angethan vor einer angesehenen Person zu erscheinen.[4])

War der Fremde von einer Dame begleitet, dann bestimmte der Wirt für sie eine seiner Töchter als Gesellschafterin, welche die Dame sogleich in ein besonderes Gemach führte, um ihr Gelegenheit zu geben, die Kleider zu wechseln.[5])

In einer gröfseren Burg, die eine ganze Anzahl von Zimmern und Kammern enthielt, war es nicht schwer, einen oder mehrere Gäste unterzubringen.[6]) Ob es für diesen Zweck eigens bestimmte Räume gab, ist wohl möglich, obgleich es nirgends deutlich aus-

---

[1]) Perc. 23 560; 36 517. — Chev. as II. e. 3744. — Ferg. 1097. — Aiol 2055. — Erec. 444; 453. — [2]) Aiol 1119; 1475; 2134. — Par. la duch. 2917. — [3]) Li Biaus D. 2886; 2902. — Atre per. 32; 152. — [4]) Cliges 304. — [5]) Perc. 24 646. — [6]) Guil. d'Or. I. 1619.

gesprochen ist.[1]) Aber auch in einem kleinen chastel, das oft nur aus einem grofsen Turm bestand (donjon), war Raum genug für den vorübergehenden Aufenthalt fremder Reisender. Doch that man immer gut daran, wenn man in gröfserer Gesellschaft an ein Schlofs kam, erst anfragen zu lassen, ob man Aufnahme finden könnte.[2])

Zunächst führte man den Gast, und zwar an der Hand, in den Hauptraum, la maistre sale, welcher zugleich als Wohn- und Speisezimmer diente.[3])

Hier legte der Ritter, wie auf dem Hofe, mit Unterstützung von Knappen, bisweilen von Rittern oder gar der eigenen Söhne des Hausherrn, seine Rüstung ab, welche zusammen mit den andern Waffen nach einer gründlichen Reinigung an einem sicheren Orte bis zur Abreise aufbewahrt wurden.[4])

Dafs bei diesem Geschäfte auch Mädchen, die Töchter des Wirtes, die Damen des Hauses selber behilflich waren,[5]) kann nicht überraschen, wenn wir sehen, dafs überhaupt vielfach Mädchen zur Bedienung und Pflege der Ritter herangezogen werden,[6]) ja dafs sie noch ganz andere, viel bedenklichere Dienste übernehmen, von denen wir später zu sprechen haben werden. Im Claris et Laris werden die Helden des Gedichts sogar von der Königin bedient, aber der Dichter fügt auch sogleich hinzu: De ce ne la doit nus blamer, S'ele se paine d'els servir, Car bien le savront deservir En grant estor et en bataille A l'espee (1563).

Unter der schweren, enganliegenden Rüstung war der Körper warm geworden. Um nun eine Erkältung zu verhüten, reichte man dem Fremden einen Mantel, denn ein einzelner Ritter führte gewöhnlich, wie wir oben gesehen haben, kein Gepäck mit sich.[7]) Oft stellte man ihm auch die andern Kleidungsstücke zur Ver-

---

[1]) Par la D. 2917. — [2]) Esc. 15 049. — [3]) Perc. 24 848. — Cleom. 9506. — Lai d'H. 672. — Perc. 36 527. — Méon (Nouv. Rec. II), De la royne qui ocist . . . 137. — Mes. Gav. ou la Veng. 2065. — Viol. 4983. — Méon (Nouv. Rec. I), Do chev. a l'espée 224. — Durm. li G. 5247. — Cl. et L. 4272; 17 537. — La Vie de St. Gile 2651. — Perc. 16 573. — Chast. de C. 2161. — [4]) Atre per. 5031. — Cleom. 9659. — Mes. G. ou la Veng. 2076. — Durm. li G. 9456. — Perc 30 069. — Aiol 6462; 2064. — [5]) Char. 2534. — Perc. 26 705; 36 098. — Durm. li G. 5115; 6291. — Cl. et L. 7255; 1248; 10 835. — [6]) Cl. et L. 13 385. — Durm. li G. 1024; 1267. — Blanc. et l'Org. 965. — [7]) Perc. 28 627; 36 524; 2969; 31 909; 2743. — Durm. li Gal, 3855; 6293. — Cl. et L. 10 273.

fügung, so dafs er sich dann zu seinem gröfseren Behagen ganz umkleiden konnte.[1])

Diese Kleider, namentlich der Mantel, werden vielfach als aus kostbaren Stoffen gefertigt und mit edlem Pelzwerk gefüttert beschrieben.[2]) Als eine besondere Auszeichnung mufs es angesehen werden, wenn der Wirt seinem Kämmerling den Befehl gab, dem Gaste seine eigenen, natürlich die besten und vornehmsten Kleider zu geben,[3]) und der Karrenritter wufste sicher die Ehre zu schätzen, dafs die eine Tochter des Wirtes ihren eigenen Mantel abnahm und ihm denselben umhängte.[4])

Sonst aber war es Sitte, dafs auf den Schlössern eigens für Fremde, und zwar nicht blofs für Ritter, sondern, nach dem Zeugnis des Cleomades, für alle bewaffnete Durchreisenden, Kleider bereit gehalten wurden, 9645: A ce taus a coustume estoit Que en plusours chastiaus avoit A vestir pour les trespassans. Tele ert la coustume a ce tans Pour ceaus qui arme trespassoient. Ades vesteures avoient Pour chevaliers, ou pour autrui; Selonc ce c'on veoit en lui, Prestoit on chascun vesteure, Et li gardoit on s'armeure Jusqu'a tant k'aler s'en devoit; Et, si tost que armes s'estoit, Reportoit cele robe arriere Ou chambelleus ou chamberiere.

In dem grofsen Saale fand auch, wenn sich nicht schon vorher Gelegenheit dazu gegeben hatte, die Begrüfsung durch die Damen des Hauses in der oben beschriebenen Weise statt.[5]) Dabei wird es wohl manchem so gegangen sein wie dem Perceval bei Brios, der erst einen Teil seiner Rüstung abgelegt hatte, als die Dame mit ihrer Tochter im Saale erschienen. Einen Helden wie Perceval setzte dies aber nicht in Verlegenheit. Wie er war, eilte er auf sie zu und umarmte sie.[6])

Der Hausherr überliefs dann seinen weiblichen Angehörigen die Sorge, den Gast zu unterhalten, während er selbst eilte, um das Mahl bereiten zu lassen,[7]) denn auch ohne eine diesbezügliche Aeufserung seitens des Ankömmlings — nur eine Stelle ist mir begegnet, wo allerdings nur ein valles auf die freundliche Einladung eines Schlofsherrn, bei ihm zu übernachten, erwidert, Perc.

---

[1]) Durm. li G. 9206. — [2]) Perc. 23 555; 24 856; 4251; 36 522; 30 077; 26 727; 24 654. — Mort Aym. 2373. — Mes. G. ou la Veng. 2070. — Durm. li G. 9617 etc. etc. — [3]) Floov. 1011. — [4]) Char. 2067. — [5]) Perc. 28 635. — Méon (Nouv. Rec.), La royne qui ocist . . . 146. — Chast. de C. 160. — Durm. li G. 3875. — Viol. 359. — [6]) Perc. 29 555. — [7]) Perc. 28 646. — Méon (Nouv. Rec.) I. Le chev. a l'espee 241.

574: „Sire," fait il, „ce puet bien estre; Mais itant me faites doner Pain et vin, si irai disner; Car jou ne maugai encore hui," — konnte er sich denken, dafs er Hunger und Durst hatte.[1])

Im Sommer, bei schönem, warmem Wetter führte die Wirtin ihren Gast, wieder an der Hand, hinaus in den Garten oder auf die Burgwiese;[2]) in der schlechten Jahreszeit blieb man im Saale, setzte sich auf ein Ruhebett,[3]) im Winter an den grofsen Kamin mit seinen lodernden Holzscheiten[4]) und brachte die Zeit bis zum Essen mit Plaudern, vielleicht auch mit Spielen zu.[5])

Ebenso lebhaft wie das Bedürfnis nach Essen und Trinken, sollte man meinen, mufs auch bei dem Reisenden, welcher den ganzen Tag mit kurzer Unterbrechung auf sonniger, staubiger Landstrafse geritten war, der Wunsch nach gründlicher Reinigung des Körpers, womöglich durch ein Bad, gewesen sein. Gautier behauptet nun zwar auch, dafs man dem Reisenden gleich nach seiner Ankunft ein Bad bereitet habe,[6]) und er bekräftigt diese Behauptung durch die Stelle im Girart de Roussillon, trad. P. Meyer, p. 124, § 328, welcher er etc. hinzufügt. Mir ist indessen, aufser der von ihm angeführten Stelle, nur eine begegnet, wo man dem Gaste die Wohlthat einer Waschung anbietet, und merkwürdigerweise erst nach Tisch, Perc. 16 575: Si fu li mangiers aprestes; Touailes blances et pastes Fist li chevaliers aporter; Apries le disner fist laver Lor cors et lor pies et lor cies K'il avoient tous kamosies. Darauf legen sie sich gleich zu Bett und schlafen bis zum Abendessen: Sor kiutes de pale, en blans lis, Se coucierent par lor delis Et comencierent a dormir Jusqu'al vespre sans nul espir. Endroit vespre, sont resvellie, Le souper ont aparellie Li kent . . .

Freilich lesen wir oft genug, dafs Reisende gebadet werden zumeist in Kellerräumen (en une chambre sousterrine); es handelt sich dabei aber immer um ganz besondere Fälle, um kranke oder verwundete, durch Ungemach besonders heruntergekommene Personen, bei welchen das Bad gleichsam als Heilmittel, nicht blofs zur Erfrischung angewandt wird[7]).

---

[1]) Baud. de S. XV. 1354. — [2]) Cl. et L. 18138. — Chev. au l. 236. — Baud. de S. XVI. 209. — [3]) Baud. de S. XV. 1292. — Perc. 24874; 3038. — Cleom. 9663. — Chast. de C. 169. — Ferg. 1696. — [4]) Aiol 1127. — Ferg. 989. — [5]) Mes. Gav. ou la Veng. . . . 2094. — [6]) Gautier, La Chevalerie p. 557. — [7]) Lai d'Havel. 851. — Viol. 2433; 4987. — Baud. de C. II. p. 40, 1321. — Am. et Yd. 3673. — Méon (Nouv. Rec) II. 428, 78. —

Da man nun auch nicht annehmen kann, daſs die Dichter über diesen wichtigen Punkt mit Stillschweigen hinweggegangen sind, dazu sind sie bei der Angabe der einzelnen Momente des Empfanges und der Bewirtung meist zu ausführlich und gewissenhaft, muſs man sagen, daſs es unter gewöhnlichen Umständen nicht Sitte war, den ritterlichen Gast auch durch ein Bad zu erfrischen.

Die Stimme eines Knappen, in groſsen Palästen ein Hornsignal, rief die Burgbewohner zum Mahle oder genauer, verkündete, daſs das Wasser bereit wäre[1]), denn bevor man sich an den Tischen niederlieſs, wusch man sich, wir haben es schon erwähnt, die Hände.

Entweder wuschen sich nun zunächst die Damen und nach ihnen die Herren, oder aber die Gesellschaft trat paarweise, je ein Herr mit einer Dame, voran natürlich der Herr mit der Herrin, an die mit lauem Wasser gefüllten Gefäſse, welche häufig aus edlem Metall, z. B. Silber, gefertigt waren[2]). Hatte man einen Gast bei Tische, dann überlieſs man ihm den Vortritt[3]).

Mit den Worten: „Dame, prenes le chevalier et si laves“, überlieſs der Herr ihm die Ehre, mit der Herrin als erstes Paar die Waschung vorzunehmen[4]).

Die gleiche Auszeichnung, der Platz an der Seite der Herrin, wurde dem Gaste auch bei der Tafel zu Teil[5]). Diese Ehre erscheint jedoch erst dann im rechten Lichte, wenn wir uns vergegenwärtigen, daſs man zur damaligen Zeit paarweis aus je einer Schüssel aſs[6]).

Méon (Nouv. Rec.) II. De l'erm. qui s'acomp. a l'ange 323. — Ferg. 4748. — R. de Ronc. 366, 1. — Ren. de Mont. 95, 33; 96, 9. — Char. 6658. — Guil. de Pal. 5333. — Elie de St. Gile 1459. — Perc. 5328. — Erec 5176. — Par. la D. 917. — Horn 4954. — Baud. de Conde p. 345, 1374. — Fier. 2212. — Atre pér. 1939.

[1]) Durm. li G. 9775. — Chev. au c. I. 6669; II. 44; 172. — Alisc. 4508. — Baud. de Seb. XVIII. 763; XVIII. 912. — [2]) Perc. 24 960; 4432; 28 679. — [3]) Du prestre et du ch. (Mont. Rec. gén.) 294. — Chev. au c. II. 3494. — [4]) Baud. de C. II. 208, 1283. — Barb. et Méon. Le chev. qui fais. p. les c. 431. — Perc. 36 612; 26 832. — Chast. de C. 227; 455. — [5]) Cleom. 10 277. — Durm. li G. 6329. — Barb. et M. III. Le chev. qui f. p. l. c. 442. — Cl. et L. 915; 16 322. — Perc. 28 684. — Méon (Nouv. Rec.), Du Prov. d'Aquilée 149. — [6]) Durm. li G. 5259; 6329. — Perc. 2755; 34 734. — Siehe auch Viollet-le-Duc, II. p. 17.

Mitunter gab man auch dem Gaste die Tochter als Tischgenossin, während die Dame des Hauses ihm gegenüber Platz nahm[1]). Von mehreren Gästen erhielt jeder das seinem Range und seiner Bedeutung entsprechende Mitglied der Familie als Nachbar. Als Karls Gesandte bei Renaus de Montauban speisen, setzt dieser auf Maugis' Rat den Herzog Naimes, den Vornehmsten, neben die Herrin; er selbst nimmt neben dem Erzbischof Turpin Platz; der zweitälteste Bruder Aallars speist zusammen mit dem Grafen Ogier u.s.f. Diese Tischordnung nennt Maugis die französische: A la loi les Francois nos covient atorner[2]).

Weiter erfahren wir aus Maugis' Anweisungen, dafs man den Gast durch Überlassung wertvoller Tisch- namentlich Trinkgeräte zu ehren suchte; Ren. de Mont. 313, 1: Devant le duc Naimon me metes la grant nef Que jou conquis a Rome, cele bone cite; El tient bien I. sestier de bon vin mesure. Torpains ait le Gaufroi de Bordiaus, sor le mer, Estous aura l'Ion, de Gascoingne le ber, Ogiers la Desier, qüi d'Espaigne fu nes. Chascuns des chevaliers ait ou hanap ou nef De l'uevre Salemon; caens en a asses.

Es war die Pflicht des Wirtes und der Wirtin, ihren Gast zum Essen anzuregen und durch Plaudern angenehm zu unterhalten[3]).

Für des Wirtes jugendliche Tochter wurde diese harmlose Plauderei oft der Anfang von Liebeslust und -leid. Wenn's uns der Dichter des Baudouin de Sebourc nicht sagte, dafs: il est de coustume et souvent le voit on, C'une jone pucielle, d'umble condition met en I. estragne homme plus tost s'entension, Que ne face en celui qu'est de sa nourecon. Car estragne cose a apetic a fuison (XV. 694), wir könnten's uns vorstellen, welchen Reiz der von weither kommende Fremdling auf die in der stillen Abgeschlossenheit des Burglebens aufgewachsene Jungfrau ausübte. Mit klopfendem Herzen, mit hell leuchtenden Augen, die sich nur senkten, wenn sie die innere Erregung und Bewunderung zu verraten fürchteten, wird sie dem jugendlichen Helden gelauscht haben, wie er erzählte von plötzlichen Überfällen durch Wegelagerer, von langen, beschwerlichen Reisen über das Meer, hinüber zu den glühenden Ebenen des heiligen Landes, wo sie oft dem Verschmachten nahe waren, von blutigen Kämpfen mit den Sara-

---

[1]) Perc. 29586. — Cl. et L. 18160. — [2]) Ren. de Mont. 313, 24. — [3]) Perc. 32021; 34762. — Barb. et Méon, III, 422, 442.

zenen, von Gefangenschaft und wunderbarer Befreiung durch des Sultans schöne und kluge Tochter. Mehr als eine filia hospitalis verliebt sich bis zur Thorheit in den ritterlichen Gast und ist bereit, ihm, der sich oft schüchterner als sie selbst zeigt, alles zu geben. Ich erinnere nur an Lusiane, die Tochter der Gräfin Ysabiaus, und ihre plötzlich entflammende, leidenschaftliche Liebe zu Aiol, welcher aber ziemlich kühl bleibt, Car il avoit este el bos noris, Le deduit de puchele n'ot pas apris. 2172: Oies confaitement ele l'apele: „Car vos tornes vers moi, iovente bele! (Aiol liegt bereits im Bett). Se vous voles baisier n'autre ju faire, J'ai tres bien en talent que je vous serve; Si m'ait dieus del ciel, je sui pucele, si n'euc onques ami en nule tere; mais moi vient en penser, vostre voil estre, S'il vous vient a plaisir que je vous serve.“ Aber Aiol erwidert bestens dankend, 2183: „Car vous couchies hui mais, bien en est termes, Laiens en vostre cambre o vos pucheles.“

Weniger zaghaft zeigt sich Gauvain der Schwester des Chevalier Petit gegenüber, Perc. 32 190: Furent ambedui concorde, Tant ont baisie et acole Que Gauvains la flour i quelli; Mais el livre pas n'en oi Que fust maugre la damosele Qu'ele perdi nom de pucele, Ains li grea, que mot n'en dist.

Auch sonst mochten unverheiratete oder verwitwete Damen, welche einsam auf ihrer Burg safsen, die Anwesenheit eines fremden Ritters benutzen, um diesem ihre Liebe, Herz, Hand und Besitz anzubieten.

Eine Dame, bei welcher Caramadis eingekehrt ist, sagt ihm ein Mittel, wie er mit Hilfe einer Brücke an das Schlofs seines Feindes kommen kann. Zum Danke dafür soll er bei ihr bleiben und sie heiraten. Auf diesen Vorschlag geht Caramadis ein. Perc. 29 040: Et la dame lues se leva, La table fist errant oster Et le chevalier atourner Et desviestir et descauchier, Puis le mena, sans atargier, En son lit avoec lui gesir; Moult se pena de lui servir Et de faire tout son voloir[1]).

Die Anwesenheit eines Fremden auf einer Burg bot die einzige Möglichkeit, etwas von dem, was draufsen in der Welt vorging, zu erfahren, und diese Aussicht hatte keinen geringen Anteil an der Freude über seine Ankunft[2]). Es war auch die einzige Gegenleistung, welche man von ihm annahm, bisweilen sogar

[1]) Vgl. auch Elie de St. Gile 1502. — [2]) Perc. 585.

forderte. Bekannt ist die Stelle aus dem Diz dou Soucretain (Méon, Nouv. Rec.) 1: Usages est en Normendie Que qui herbergiez est qu'il die Fable ou chançon die a l'oste: Ceste costume pas n'en oste Sire Jehans li Chapelains.

Nicht weniger interessant ist, was der Dichter des Cleomades von dem Könige Meniadus von Salerne erzählt. Danach forderte dieser Fürst von allen Durchreisenden, daſs sie sich bei ihm auf dem Schlosse zum Berichte über ihre Heimat und was sie unterwegs gesehen, meldeten. Zum Dank dafür erhielten sie freundliche Verpflegung. Cleomades erfährt diese merkwürdige Bestimmung von dem Wirte, bei welchem er eingekehrt ist, 12 529: „Car c'est la coustume et li us Que maintient rois Meniadus Et l'ont de lonc tans maintenu Cil qui ce roiaume ont tenu, Que cil qui ci trespassant sont Voisent en ce chastel amont Et doivent, par lor serement, Au roi dire certainement Nouveles de celui pays Dont chascums est nes et norris. Bien sai, se li dites nouveles Qui li soient plaisans ne beles, Dou sien au departir arez; Car moult est courtois et senez, Et larges et de bon afaire, ... Dedens la tour gerres en nuit, ... Bien i serez aaisiez; Car sachiez bien que cele tour Est faite de si noble atour, Pour estranges gens honnorer, ... Tout kan k'afiert a estre a aise J trouverez, ... Si com de boire et de mengier Et de aisiement couchier.“ Diejenigen, welche öfter durch die Stadt kommen, kennen die Einrichtung schon und begeben sich ohne besondere Aufforderung gleich hinauf aufs Schloſs zum Könige, 12 630: Jusques en la tour le convoient, Tant que el maistre estage fu. Ja estoient leens venu Doi marcheans qui trespassoient Pour paier ce k'au roi devoient; Car la coustume qui ert la Savoient de moult grant pieca. Passe i orent autre fois. Am nächsten Morgen erscheint der König im Turme und läſst sich Vortrag halten, zuerst natürlich von den Kaufleuten, denn die sind vor Cleomades da gewesen.

Wenn der Gast ein in der Nähe wohnender Bekannter war, dann bewegte sich die Unterhaltung innerhalb des Gedankenkreises der ritterlichen Gesellschaft: Waffen, Liebe, Hunde, Vögel, Turniere und Kampfspiele[1]). Daſs man bei der Erzählung von Jagdgeschichten der Phantasie schon damals die Zügel schieſsen lieſs, wird uns bestätigt durch die Stelle im Durmars li Galois, 15 665:

---

[1]) Chast. de C. 459; 731.

Li veneor et li archier Racontent el palais plenier, Comment il lor avint le jor, Asses i mentent li plusor.

Erst bei der Unterhaltung während des Mahles, öfter noch als vorher oder gleich beim Empfange[1]), ergab sich also ganz natürlich die Gelegenheit, etwas über den Gast selbst, seine Herkunft, Zweck und Ziel seiner Reise und vor allen Dingen seinen Namen zu erfahren, Que par le nom connoist on l'ome (Perc. 24 666)[2]).

Im allgemeinen ist man aber in dieser Beziehung nicht allzu neugierig[3]). Nicht selten fragt man den Fremden noch später nach seinen Personalien[4]), der chevalier a l'espee den Gavain sogar erst am nächsten Morgen, als er sieht, was für einen tapferen Helden er beherbergt hat[5]). Ja die Frau, welche, im Chevalier as 2 espees (3987 ff.), den Gavain, wie es sich geziemt, aufs freundlichste aufnimmt und bewirtet, kümmert sich garnicht um den Namen und die Herkunft ihres Gastes; es genügt ihr, dafs es „mout sambloit que preudom fust“. Ihre Anschauung entspricht aber durchaus nicht derjenigen ihres Gemahls, welcher am nächsten Morgen von einer Reise nach Hause kommt und ihr, als er alles erfahren, heftige Vorwürfe macht, 4072: „Comment a non?“ fragt er sie. „Je ne sai voir, Mais mout sambloit que preudom fust.“ — „Onques mais n'avint que geust En nul ostel nus chevaliers Que n'en quesisse de premiers, Ma dame, son non et son estre.“ „Il ne puet ore autrement estre, Dist ele, ne m'en souvint mie.“ „Tant feis gregnor vilonnie.“ Mout est li castelains dolens. Darauf schwingt er sich aufs Pferd und jagt Gavain nach[6]). Es war also ein Verstofs gegen die gute Sitte, wenn man es unterliefs, den Gast nach Namen, Herkunft und Ziel der Reise zu fragen.

In auffälligem Gegensatze zu dieser Dame, welche nur nach dem Aussehen urteilt, noch mehr zu der grofsen Bereitwilligkeit, mit welcher man ganz allgemein fremden Rittern begegnete,

---

[1]) Cleom. 9506. — Aiol 1127. — Perc. 3075; 26 807. — Cl. et L. 10 828; 25 222. — Brun de la M. 3554. — Durm. li Gal. 9147. — Baud. de Seb. XVI. 213. — Gilles de Chin 539. — Aiol 2019. — [2]) Baud. de S. XVI. 1313. — Perc. 24 660; 28 985. — Aiol 7188. — Chev. as II. espees 3767. — [3]) Chev. as II. esp. 6498. — [4]) Char. 2073. — Durm. li G. 3911; 4049; 5265. — Fergus 1718. — Aiol 1376. — Cl. et L. 10 277; 25 787. — [5]) Méon, Nouv. Rec. I. Do chevalier a l'espee 731 ff. — [6]) Ähnliches siehe Baud. de Condé II. 206, 1222 ff.

stehen nun eine ganze Reihe von Fällen, wo man von dem um Aufnahme bittenden Ritter, gleichsam als Legitimation, erst eine Probe seiner Tüchtigkeit, seiner Ritterschaft verlangt. Er mufs erst mit dem Herrn kämpfen, erst einige Gänge siegreich bestehen, dann aber geniefst er die weitgehendste, hochherzigste Gastfreundschaft.

Der Biaus Desconneus kommt an ein Schlofs, 245: Li castials ot non Galigans, Ki ert moult biaus et avenans. Li chevaliers dist: „Que ferons? Damoisele, herbergerons En cest castel ici devan?“ Cele respondit maintenant: „Sire, fait ele, nenil mie. De la aler n'aies envie. Car tant en ai oi parler Que moult i fait mauvais aler. Un usage vos en dirai, Dou chastel que je moult bien sai. Li borjois qu'en la vile sont Ja homme ne herbergeront. Tot herbergent cis le signor; Car il veut faire a tos honor, Et Lampars a a non li sire, Dont je vos veul l'usage dire. Il ne herberge chevalier Qui viengne arme sur son destrier, Se premiers ne jostent andui, Tant qu'il l'abatra, u il lui. Mais se Dius velt itant aider Celui qui i vient herberger, Que il abate le signor, Ostel ara a grant honor; Et se li sires abat lui Si s'en retorne a grant anui Parmi la vile, sans cheval; Ases i suefre honte et mal. Car cil qui en la vile sont Trestot a l'encontre li vont Et portent torces enboees Qui sont de la boe loees, Et puis pleins de cendre et d'ordure. Trop i recoit tres grant laidure, Que tot li getent vers le vis Les grands ordures qu'il ont pris. Moult fait el castel grief entrer; Mius vos covient de fors aler. En tant comme li murs acaint N'a chevalier venu a mains Nesun c'ot sels millor de lui. A mains home ot fait anui. Biaus sire, por ice, fait ele, N'irons pas.“

Als sie in das Schlofs einreiten, machen sich die Bürger schon zur Attacke fertig, 2549: Quant le virent, sivent riant; Li uns le va l'autre mostrant. Tuit s'atornent; les torces font; Les pos de cendres enplir vont, Et drapias mollies en ordures; Tot en parolent et consellent, Et de ferir s'aparellent. Car il cuident de fi savoir Que vers son signor n'ait pooir.

Diesmal jedoch verrechnen sie sich gründlich. Der Biaus Desconneus besiegt den Ritter, 2574: Li Desconneus le salue, De son ceval ne se remue. Lampars respont, come afaities: „Bials sire, fait il, bien viegnies Leanc vos venes herbergier; Par sanblant en aves mestier. Volentiers vos herbergerai, Selonc l'usage que je ai. A moi vos estuet ains joster; Et se jus me poes jeter,

Par raison vos doi herbergier; Et se j'abat vos del destrier, Sans ostel ariere en ires. Vilain conroi i troveres.“ Nachdem Lampars vom Pferde geworfen, 2670: Il ne fu navres, ne blecies. Isnelement est redrecies, Al Desconneu est ales; „Sire, fait il, ca, descendes; Par droit aves l'ostel conquis Vos l'aueres a vo devis.“ Nach der Entwaffnung, 2703: Vers lui (B. D.) maintenant s'en ala Maintenant le va acoler; Moult bel sanblant li fait mostrer. „Sire, molt aves endure Et molt travaillie et pene; Molt aves fait a mon plaisir, As estors que saves furnir. Or est bien tans de reposer.“ Adont s'asisent au souper. Der Biaus Desconneus scheint nichts Ungeheuerliches in dieser Sitte zu finden. Gern nimmt er die mit solch' ungewöhnlichen Umständen verknüpfte Gastfreundschaft des Lampars an, ohne ihn etwa, wie man meinen sollte, zu verpflichten, diese häfsliche Unart aufzugeben.

Es ist das eine ganz eigenartige Sitte, welcher immerhin, wenn wir den kampfesfreudigen Sinn der damaligen Zeit in Betracht ziehen, irgend welche thatsächlichen Verhältnisse zu Grunde gelegen haben mögen. In den meisten Fällen glaube ich darin, wie schon gesagt, und wie auch aus den Worten des Lampars: Molt aves fait a mon plaisir, As estors que saves furnir (2708), hervorgeht, eine Art Legitimation sehen zu können, eine Prüfung des Fremden auf seine Tüchtigkeit. Fällt die Prüfung zu seinen Gunsten aus, dann wird er ehrenvoll aufgenommen, besteht er die Probe nicht, dann mufs er mit Schimpf und Schande wieder abziehen.

Übrigens hat diese Sitte auf die Dichter einen grofsen Reiz ausgeübt. Ihre Phantasie hat weiter daran gearbeitet und sie in wunderlicher Weise ausgestaltet.

In Tourmadaz weist ein Bürger den Blancandin, welcher ihn nach dem „millor ostel de la ville“ gefragt hat, an den provost, 872: Se rice ostel voles tenir, Ales vous ent cies le provost. Dieser macht zwar aus der Aufnahme fremder Ritter kein Geschäft (879: Mais li provos n'a de cou soing Ne de gaaignier nul besoing), stellt aber wie sein Kollege p. 27 hohe Anforderungen an den ritterlichen Charakter und die Tüchtigkeit seiner Gäste. Sonderbarerweise hat er die Bedingungen, unter welchen er Aufnahme gewährt, auf eine Marmorplatte über der Thüre seines Hauses schreiben lassen und zwar in griechischer Sprache; 894: „Amis“, antwortet der provos dem Blancandins, „je ne herbert nul home, S'il ne feit le commandement Dont vous vees l'embrievement Lassus, ens en cel marbre escrit.“ Da Blancandins griechisch versteht, erfährt er denn aus der Inschrift zu seinem grofsen Vergnügen, dafs er mit einer Lanze ohne Stahl und Eisen bewaffnet sich den Eingang zu dem Hause, welches von dem Wirte im Kettenpanzer mit Schwert und Schild verteidigt wird, erzwingen mufs [1]). Es ist ebenso selbstverständlich, dafs der Held des Romans auf die Bedingungen eingeht, wie dafs er diesem sonderbaren Hauswirt gehörig das Wams ausklopft; 943: De la dolour qu'il a se pasme. Cil de la vile i acoururent Et por la noise tot s'esmurent. Le provost tienent tot por fol; A poi qu'il n'a brisie le col. Damit hat er sich aber auf einmal den allergröfsten Respekt desselben erworben, 953: Or est l'enfes bien herbegies Et honeres et essaucies. Les filles au provost ont dit: „Ne l'en doit on tenir plus vil. Aies dient qu'il est de parage. Cou li a fait faire barnage.“ Er hat sich also durch seinen Mut und Tapferkeit legitimiert und wird nun aufs höchste geehrt.

Der chevalier a l'espee, welchen Gavain im Walde antrifft, und welcher ihn dann auf sein Schlofs führt, hat sogar einen sinnreichen Apparat erfunden eigens zu dem Zwecke, um den besten Ritter herauszufinden.

Es scheint, als ob der Ritter über Gavains Anwesenheit sehr erfreut ist. Als Zeichen seiner ganz besonderen Wertschätzung giebt er ihm seine Tochter zur amie, et dist, moult vos poez prisier Que je voil qu'el soit vostre amie. Gauvain bonement l'en mercie (Méon Nouv. Rec.); und nach dem Abendessen bestimmt er sogar, 455: Et dist, je jerre en ceste aire, Et cist chevaliers en mon lit: No faites mie trop petit, Car ma fille jerra o li. Alle drei begeben sich in das kostbar geschmückte Schlafzimmer, 495: Et li chevaliers li a dit: Sire, ceste chambre est moult bele, Entre vos et ceste pucele I girois, ja n'i aura plus, Damoisele, fermez les us, Si faites son conmandement, Que je sai bien que itel gent N'ont mie de presse mestier; Mes d'itant vos voil chastoier Que les cierges n'en estaigniez, Que j'en seroie moult iriez. Je voil, por ce l'ai conmande Qu'il voie vostre grant biaute Quant vos giroiz entre ses bras, Si en aura graignor solas. Et que vos veoiz son gent cors. . . . Et la pucele l'uis ferma. . . . Si s'est lez lui cochiee nue. Die Tochter versucht, seine Wünsche zu zügeln, indem sie ihn auf ein Schwert aufmerksam macht,

---

[1]) Blanc. et l'Org. d'Am. 898.

welches zum Schutze ihrer Unschuld über dem Bette hängt und stets rechtzeitig herniedersaust. Auf diese Weise hätten, so erzählt sie Gavain, schon viele Ritter, mehr als 20, ihr Leben eingebüſst[1]). Es thäte ihr leid, wenn auch Gavain auf diese Weise ums Leben käme. Gavain läſst sich jedoch nicht abschrecken, 589: „Bele, fet il, ce est neient, Puisque venuz sui josque-ci, En fin voil estre vostre ami: Vos n'en poez par el passer.“ Sie stöſst einen Schrei aus, darauf fällt das Schwert. Si qu'il li a do cuir oste, Mais ne l'a pas granment blecie: Outre a lou couvertor percie, Et toz les dras desci au fuerre, Puis se fiert arriers en son fuerre. Gavain will sich nicht blamieren, noch einmal riskiert er ein Stück seiner Haut, 653: Ja li feist lou jeu certain Quant l'espee do fuerre salt, Lors li a fet un altre asalt, Do plat lo fiert parmi lo col. . . . Sor la destre espaule torna Que du cuir li trencha trois doie und fährt wieder in die Scheide zurück.

Als der Wirt am nächsten Morgen erscheint, wundert er sich, Gavain noch lebend vorzufinden, zugleich aber ist er hocherfreut, in Gavain den besten Ritter gefunden zu haben. „Savez conment j'e esprovez“, erklärt er ihm, „les chevaliers do mont Qui aventures querre vont, Peussent en cest lit gesir, Et toz les convenist morir Un a un, tant qu'il avenist Que toz li miaudres i venist. Li brans lo me devoit eslire, Car il no devoit pas ocirre Lou miaudre quant il i viendroit: Et si est esprovez a droit, Qu'il vos a choisi au mellor.“ Zum Beweise seiner Hochachtung und als Lohn für seine Tapferkeit schenkt er Gavain seine Tochter mit dem Schlosse.

Nicht minder wunderbar ist der Herr, in dessen Burg Gavain sich begiebt, trotzdem ihn ein Hirte warnt (Mes. Gav. ou la veng. de Rag.), 592: „Dont qui i vait nen en revient; Quant il i est, il le retient.“ Das Thor der Burg ist geöffnet und im Saale ist die Tafel zum Mahle gedeckt. Gavain legt die Waffen ab, so aber, daſs er sie jederzeit schnell wieder anlegen kann. Dann läſst er es sich gut schmecken. Drei Knappen kommen aus einem Zimmer heraus und bedienen ihn. Gavain ist noch nicht mit dem Essen fertig, da erscheint in voller Rüstung der Herr des Schlosses, der Schwarze Ritter, und fordert ihn zum Zweikampfe heraus. Gavain ist natürlich durch diese Störung nicht gerade sehr angenehm berührt. Er faſst jedoch die Sache von der heiteren Seite

[1]) 532.

auf und erklärt, indem er den goldenen Pokal ergreift, 794: „Por cest mangier, Ne vos conbates ja a moi; J'en paierai ce que j'en doi. Faites savoir qu'il a coste.“ Vergeblich, 802: „Caiens est establi par droit“, erwidert ihm der Schwarze Ritter, „Que nus hon n'i vent herbergier, A cui je ne face trenchier Le cief, sans autre raencon“, bis er Gavain angetroffen hat. Er gesteht ihm noch einige Bissen zu, erlaubt ihm auch noch, die Waffen wieder anzulegen, dann aber kämpfen sie. Im regelrechten Kampfe wird der Schloſsherr besiegt und muſs Gavain geloben, niemand mehr zu töten.

Die Herrin eines Schlosses, in welches der Zufall Brandaliz führt, hält sich 4 vilains, mit denen jeder Ritter kämpfen muſs. Wird er besiegt, dann bleibt er als Gefangener zurück; ist er aber Sieger, dann hat die Herrin denjenigen Ritter herausgefunden, der im stande wäre, ihren Bruder, welcher einst von vilains erschlagen wurde, zu rächen. Cl. et Laris, 22 409: „Les vilains ne retieng ge mie Pour abatre chevalerie; Trop he les vilains durement, Car il furent veraiement A la mort de mon gentil frere; Pour esprouver o moi les a Celui a cui je me tendrai La venjance mon frere dous.“ Brandaliz hat kein Glück im Kampfe. Sein Pferd stürzt, er selbst bricht ein Bein und wird ins Gefängnis geführt, wo er bleibt, bis Claris ihn befreit.

Eine noch seltsamere und viel gefährlichere Probe müssen die Gäste des chastiaux perilloux im Walde Broceliande bestehen. Zuerst haben sie zu Fuſs einen brennenden Turm zu passieren. Diejenigen, welche dies vermögen, sind die besten Ritter der Welt. Auf dieses Thor folgt ein zweites, welches von 4 Leoparden bewacht wird. Aber selbst wer das dritte Thor, dessen Eingang 2 Riesen mit Keulen wehren, glücklich durchschritten hat, hat noch nicht alle Hindernisse überwunden. Auf dem Schloſshofe harrt die letzte und schwerste Probe, der Kampf mit dem waffengeübten Schloſsherrn. Claris und Laris bestehen glücklich alle Gefahren und Kämpfe und brechen damit den Zauber für immer. Darauf werden sie freundlich und aufs ehrenvollste aufgenommen[1]).

Auſser der Prüfung des Fremden auf seine Tapferkeit ist auch oft Raufsucht, prahlerisches, eitles Wesen der Beweggrund zum Angriff auf denselben. So wird im Claris et Laris Dodinians

---

[1]) Cl. et L. 3369 ff.

zum Kampfe herausgefordert, 26 769: „Vassaus, vous n'i enterrez mie! Ainz vous convient a moi joster, Que que il vous doie couster.“ Als Dodinians sich über diese vilonie beklagt, car a chevalier n'afiert mie, Que ses ostieus soit refusez, S'il n'est mauves et reusez,“ antwortet ihm der Ritter, 26 786: „Vassaus, ainsi le convient estre, Car m' amie est dedenz cel estre, Qui vorra la joste veoir; Aus fenestres la voi seoir.“ Also nur um seiner Geliebten das Schauspiel eines Kampfes zu bieten, will er mit Dodinians kämpfen.

Ein anderer Ritter, Matidas (Cl. et L. 4163 ff.), wieder will für sich selber den Anblick lanzenbrechender Ritter genießen, aber seine Haut nicht dabei aufs Spiel setzen. Jeder Fremde muß erst hintereinander 5 Lanzen mit 5 von seinen Rittern brechen. Trotzdem aber war das kein schlechter Kerl; 4170: n'estoit ne felons ne enflume; Mes il avoit une coustume, Ja chevalier ne herberjast, Qui par ilueques trespasast, Tant qu'il l'eust veu joster De V. lances sanz arrester Contre V. de ses chevaliers, Car il veoit trop volentiers Joustes, que qu'eles li costassent. Den einreitenden Claris und Laris schickt er natürlich gleich 10 Lanzen entgegen, 4190: Matidas fet X. lances prendre Tout maintenant sanz plus atendre, Aus II. compaignons les envoie Et si lor mande toute voie, De X. lances estuet jouster, Que que il lor doie couster, Se la vuelent avoir hostel, Ou il s'en aillent. n'i a el. Sie bestehen die Kämpfe glücklich, 4265: Matidas les a aresniez, Qui ver soi les choisi venanz: „Seingnor, bien soiez vous venanz.“ 4276: Lez Matidas, qui les en mainne, Qui d'els hennorer molt se painne. Als sie dann Abschied nehmen, 4287: Matidas a dieu commanderent; Molt lor pria de remanoir XV. jours dedenz son manoir, Mes il ne voudrent sejourner.

Reiner Übermut veranlaßt in demselben Gedicht den Desdaigneus du Chastel Fort, den Laiz Hardiz zum Kampfe herauszufordern. Überhaupt finden sich gerade im Claris zahlreiche Beispiele, wo ein oder gar mehrere Ritter vor ihrer Burg fahrende Helden ohne ersichtliche Veranlassung, aus bloßer Lust am Kampfe, angreifen, dann aber, wenn sie sehen, was für tapfere und unerschrockene Ritter sie vor sich haben, sie meist außerordentlich freundlich aufnehmen. 8668; Et puis par amors li proerent, Qu'avec euls alast herbergier; Et il i ala sanz dangier; En I. lor chastel l'en menerent, Icele nuit bien l'aeserent. Dasselbe Abenteuer begegnet dem Gavain, 11 601. Schlimmer ergeht es jedoch dem Yvein. Er besiegt sogar 4 Ritter, die ihn dann zwar auch reich bewirten, in der Nacht jedoch verraten.[1])

Wegen seiner Zugehörigkeit zu der weit und breit berühmten Tafelrunde des Königs Artus wird dem Lais Hardiz nicht nur die Aufnahme in die Burg verweigert, er wird sogar von einem Ritter, welcher bewaffnet herausreitet, angegriffen, 12 703: „Li escrie: Vous n'en irez, Ja ainsi ne m'eschaperez! Laissier vous i covient la vie; Sire Laiz, vileins plain d'envie, Qu'avez a faire en cest pais? Bien sai de voir, toz en sui fis Et si est chose veritable, Que cil de la roonde table Sont sor autres gens enviox Et durement malicious; Convoitise tant les pourmainne, Que touz jours les conduit et mainne Parmi les estranges contrees, Car il cuident les renomees Avoir de par trestout le monde, Si come il dure a la roonde. Mes assez y a des meillors, Bien le sachiez, ci et aillors!“ Der Lais Hardis besiegt zwar den Herrn der Burg, wird aber seinerseits von einem andern Ritter, welcher dem ersten zur Hilfe eilt, niedergeschlagen und dann gefangen gesetzt.

Der König von Norhombeland kommt an ein Schlofs, dessen Besitzer ihn angreift, aber besiegt wird. Als der König sich über diesen seltsamen Empfang beschwert, 25 151: „Car n'est mie geu por esbatre,“ erwidert und erklärt er; „Sire, fet il, entendez moi! En cest chastel, foi que vous doi, A tel hus, que li sires doit Combatre a celui, qui vendroit Herbergier dedenz cest chastel; I. an maintient cestui cembel Et, quant cis tens ert trespassez, De cest cembel ert aquitez.“ Leider erfahren wir nicht, woher diese lästige Verpflichtung stammt. Nachher wird der König, wie es sich gehört, bewirtet und gepflegt.

In mehreren Beispielen ist das Motiv zu feindseligem Benehmen gegen den Fremden auch der Wunsch, Rache zu nehmen für ein wirkliches oder vermeintliches Unrecht, welches irgend ein Fremder dem Herrn der Burg oder den andern Bewohnern zugefügt.

Yvain begiebt sich im Claris trotz aller Warnungen zu einem Schlosse, 20 852: Uns hons de la tor li escrie: „Chevalier, tu perdras la vie! Mar i entres, je le t'afie.“ . . . I. escuier delivrement Vint a lui, si le desarma, Mes molt durement le blama De ce que laienz iert entrez. Im grofsen Saale kommen ihm 4 cortoises damoiseles entgegen. Sie sind ganz betrübt, 20 915: „Car ne

---

[1]) 9107.

verrez que ceste nuit; Ja mes en toute vostre vie Sanz mort de ceanz n'istrez mie.“ Der Herr ist im Turnier getötet worden, und die Dame will nun seinen Tod an allen Rittern, welche in das Schlofs kommen, rächen; 20 929: „Sa fenme en ot si grief torment, Que touz chevaliers envai.“ Zwei Brüder halten um ihre Hand an, 20 944: Se li uns d'euls avoir la velt, Andeus demorer les estuet El chastel et en tel maniere, Qu'il n'iront avant ni arriere, ne fors du chastel n'isteront, Mes a ceus se combateront, Qu'el chastel voudront herbergier; Les chies lor convenra trenchier De touz ceus qu'il porront conquerre; Tant demorront en cele terre, Que li uns d'euls sera ocis, Puis ert li autres ses maris. Diese Bedingung hat schon mehreren Fremden das Leben gekostet. Yvain wird sehr aufmerksam bedient und behandelt. Am nächsten Morgen findet der Kampf statt. Keinem der beiden Brüder blüht das Glück, die Dame heimzuführen, denn als sie sieht, dafs der eine getödtet und dem andern ein Bein abgehauen wird, giebt sie sich selber den Tod.

In Parallele dazu steht eine Episode im chevalier as II. espees. Dieser kommt an eine Burg, in welcher alle Bewohner, besonders die Herrin, tiefe Trauer zeigen: Der Herr ist tot. Der chevalier as II. espres wird zwar mit aller Hochachtung empfangen, aber die Herrin erklärt ihm, 6566: „Ki estes vous, biaus dous amis, Ki estes venus hebregier La u estrainge chevalier, Dist ele, sont de mort hai, n'il n'est pas tors, k'il ont trai Et mort le seignor de cheans. De vostre issir est ce noiens Ja mais, car costume est plevie Ici que tuit perdront la vie Li estrange ki ci venront.“ Glücklicherweise stellt es sich heraus, dafs er ihr eigener Sohn ist.

Ähnlich liegen die Verhältnisse im Schlosse Mont Estrais (Cleomades, 9489). Vor mehr als 100 Jahren sei einmal ein fremder Ritter eingekehrt und freundlich aufgenommen worden. Um Mitternacht sei er, niemand hat je erfahren können, weshalb, plötzlich aufgestanden, habe sich gewappnet und darauf den Herrn des Schlosses, seine Frau und 3 Kinder, dazu noch mehr als 20 Männer und Frauen erschlagen und sei dann, nachdem er auch den Pförtner getötet, fortgezogen, 9702: N'onques le vaillant d'un soller N'enporta, que nus hom seust, De chose qui par ceans fust. Zur Strafe für diese ungeheuerliche That wird jedem Ritter, der in dem Schlosse einkehrt, Rofs und Rüstung abgenommen, es sei denn, dafs er sich entschliefst, mit 2 Rittern, Durbans Dabel, dem

Herrn des Schlosses, und Sartans de Satre zu kämpfen.[1]) Das haben vor Cleomades nur wenige gewagt, aber keinem ist es gelungen, die beiden Kämpen zu besiegen. Cleomades nimmt den Kampf auf und besteht ihn auch siegreich, dann aber stellt er als Sieger die Bedingung, dafs der Unfug aufhöre.[2]) Selbst die eigenen Leute sind mit dieser Änderung sehr zufrieden, 10 112: Car la coustume laide estoit Et perilleuse et pou courtoise.

Aufser dieser Burg mit ihrem verschleierten Raube (9739: La bataille si seuefie Que ce n'est mie roberie; Ains est un establissemens Qui a este despuis ceens Que vous m'oez ramentevoir) gab es natürlich auch Burgen, welche von wirklichen Räubern, heruntergekommenen Edelleuten, bewohnt waren,[3]) und deren Betreten dem Fremden unritterlichen Tod und Verderben brachte. Robastre kommt im Gaufrey mit seinem Knappen Aliaume an eine solche Burg. Aliaume wird hineingeschickt, um die Ankunft seines Herrn, welcher dort übernachten will, zu melden; 5441: El castel est entre Aliaume le sachant, Et trouva les larrons sous I. arbre seant. Aliaume les salua bel et courtoisement De Dieu le glorieux, a qui le monde apent. Le mestre l'esgarda moult felenessement, Puis li a escrie: „Mal soies vous venant! Moult par estes hardi, sire ribaut puant, Quant vous estez venu en nostre mandement. Feites si, deschendes tost et isnelement, Baillies moi le cheval, ne le merres avant; Il vous a aporte a vostre jugement, Que nul homme qui soit ne vous sera garant. „Sire, chen dist A., parles plus belement; „Chi vient I. chevalier par chest bois verdoiant, Par moi vous a mande ostel atournes gent, Que il veut hebergier en vostre mandement.“ Er wird dann erschlagen, sein Tod aber von seinem Herrn gerächt.

Blancandin und Sadoine geraten in die von dem Räuberhauptmann Selvains mit seiner Bande bewohnte Burg. Sie werden zwar bereitwilligst aufgenommen, da ihnen aber die Sache nicht recht geheuer vorkommt, weigern sie sich, ihre Waffen abzulegen mit der Begründung (Blanc. et l'Org. d'Am. 6056): „Ostes, cou li dist Bl., Par cele foi que je vous doi, En nostre pais a tel loi, Que se vous herbergies I. oste, Que la premiere nuit pas n'oste ne

[1]) 9532. — [2]) 10 049. — [3]) Gaufrois sieht in Sebourc den jungen Baudouin, der zwar grofs und stark gebaut, aber arm ist. Baud. de Seb. XVIII. 657: Con che est grant domages, ... Que chuis enfes ichi n' a grant terre a baillier; Par povrete faura' qu'il devinge hoerrier, Murdreres, en I. bos, pour marchans espier.

s'espee ne son hauberc, Tant qu'il connoisse son herberc Et les maisnies qui i sont.“ Sie thun sehr recht daran.

Gavain erhält von einem Schäfer folgende Auskunft über den Besitzer eines Schlosses (Cl. et. L. 20 749): Mes il n'a deable greingor En enfer . . . Or vous conterai sa maniere, . . . Conment ocist les chevaliers, Les armes prent et les destriers; La nuit riche feste lor fet, En tel maniere les atret, Assez lor donne a grant plente De touz biens a lor volente; Et quant sont couchie en lor liz, Ou dormir cuident a deliz, En traison les vet tuer ne l'en puet I. seul eschaper.

Auch in andern Schlössern droht dem Gaste bisweilen von seiten seines Wirtes Gefahr, wenn Schätze oder etwas anderes, das der Fremde mit sich führt, die Habgier des letzteren erregen, oder wenn es sich herausstellt, dafs tötliche Feindschaft zwischen ihnen besteht.[1])

In dieser bedenklichen Lage steht dem Gaste allerdings meist der weniger rohe, edlere Sinn der Herrin, die den Gemahl auf das Schändliche und Unritterliche seines Benehmens aufmerksam macht, ja sogar wenn sie damit keinen Erfolg erzielt, den Fremden mit allen Mitteln unterstützt, als Schutzgeist rettend zur Seite.[2])

Umgekehrt wird im Raoul de Cambrai der als Pilger verkleidete Bernier vor einem Wutausbruch seiner Wirtin, der Gemahlin des Herchanbaus de Pontif, nur durch die Dazwischenkunft des letzteren bewahrt, 7296: La jantil dame ot molt le cuer irie: Devant li prist I. baston de pomier, Parmi la teste en vaut ferir Bernier, Quant Herchanbaus li vait des poings saichier: „Dame,“ dist il, „vous faites grant pichie; Ja saves vous nous l'avons herbigiet; N'i avra mal dont le puisse aidier.“

Das Verhalten des Wirtes seinem Gaste gegenüber wird unter diesen Umständen nur durch die allgemeinen Begriffe des ritterlichen Standes diktiert: Man darf den Fremden nicht mit Übermacht angreifen oder gestatten, dafs er von einer Übermacht angegriffen werde, [3]) und es wäre natürlich eine noch weit gröfsere Schande, würde man ihn im Schlafe überfallen.[4]) Aber den Gast, wenn man in ihm seinen Todfeind erkannt hat, zum Zweikampfe

---

[1]) Doon de M. 2477. — [2]) Gaydon 4242. — Ähnliche Episoden finden sich Auberi 167, 19 und Aiol 7242. — Cl. et L. 15 334. — [3]) Erec 2810. — [4]) Chev. as II. esp. 3830. — Baud. de Seb. XIX. 201. — Perc. 7449.

herausfordern, das ist ganz in der Ordnung. Brandalis' Schwester ist von Gavain verführt worden. Brandalis gelobt ihm ewige Fehde; wo er ihn trifft, will er mit ihm kämpfen. Ein Zufall führt Gavain mit König Artus und seiner Schar auf Brandalis' Schloſs, der Gavain, sobald er ihn erkannt, zum Kampfe auf Tod und Leben herausfordert. Perc. 17 780: Monsigneur Gavain apiela Et lui dist: „J'ai la signourie De caiens, par ancisserie; Por cou n'i ferai nul otrage, n'i voel avoir point d'avantage, Ancois vos di et vos semon Que vos prendes de la maison De cele part que vos voles, Por garder comant vos feres.“ Mesire Gauwains l'escouta, Bien fist k'ains ne se remua; A ces paroles s'eslongierent. . . . —

Ohne es zu wissen, kommt Richiers auf das Schloſs des Herzogs Emelon, dessen Sohn er eben im Kampfe getötet. Er wird freundlich willkommen geheiſsen, entwaffnet, umgekleidet und gespeist. Da meldet man dem Herzoge den Tod seines Sohnes, und daſs sein Gast gerade derjenige sei, welcher ihn, allerdings in regelrechtem Kampfe, erschlagen habe. Floov. 1038: Por mautalant en monte toz les degres mabrins, Et prist dou senechau lou coutail que il tint; Talant ot en son cor que Richier en ferit. Emelons fut proudons, son mautalant retint; Apres se porpansai li nobiles marchis Qu'il ne l'ocirai mie, car il serai honis. Tres pordevant Richier feri le macelin; Desus Richier an volent les esclaces dou vin. „Versaus, dit Emelons, malemant m'as baili; De dooz aufanz en terre n'avoie c'on chers fiz: Celui m'as por orgueil detrenchie et ocis. Je te ferai encui toz les manbres tolir.“ Quant l'entendi Richiers, toz li sanz li fremit; Il laissai le mengier de paor que le fit. Richiers vit Emelons, le bon duc, devant soi, Por l'amor son aufánt corocouz et destroit; Paour ot dou coutel que li versauz tenoit, Que il ne l'an ferast et ociat tot froit. Richiers sesi Joieuse, qui gisoit joste soi, Puis jont andous les piez, si tressaï li rois. „Versauz, ce dit Richiers, por la foi que vos doi, n'iert mais legiers li pandres ne l'ocires de moi . . . Mais faites une chose, si feroiz que cortois; Por plus prou vos tanront chevalier et borgois: „Or me randez mes armes et trestot mon conroi, Si venez lai defors conbatre ancontre moi. Se pouz vengier ton fiz dou tu as le cor noir, n'an doiz estre blamez an court, a duc ne roi . . . 1144: Versauz, dit Emelons, prouz estes et cortois Tu ne doignas foir por autre ne por moi; Torne cai cel escu, si te conbat a moi: Des or te rons tes trives, je nes quier plus avoir.“

Trotz der weitgehendsten Freigebigkeit und Hochherzigkeit, welche man dem Gast entgegenbringt, findet sich doch nirgends auch nur eine Spur von der Vorstellung, daſs sein Leben heilig sei, daſs, so lange er unter dem Dache weilt, aller Groll, auch der bitterste, schweigen muſs.

Nachdem das Mahl, bei welchem man gern recht lange saſs, eingenommen war, wurden die Tischtücher weggenommen, wieder Wasser zum Waschen der Hände herumgereicht und Wein zusammen mit dem Nachtisch aufgetragen.[1])

Hatte man den durch die scharf gewürzten Speisen hervorgerufenen Durst gestillt und die Leckereien des altfranzösischen Desserts, Datteln, Feigen, Muskatnüsse, Gewürznelken, Ingwer u. s. w. genossen, dann war das Mahl beendet, und ohne Gruſs stand man auf.

Nur wenn der Gast sehr müde war, brachte man ihn gleich zur Ruhe.[2]) Sonst belustigte man sich noch durch Spiel, Tanz und Gesang.[3]) Man setzte sich auch in die tiefen Fensternischen und schaute hinaus in das Land[4]) oder ging wieder in den Garten, hinaus in den Wald und lieſs den Falken fliegen.[5]) Perceval begiebt sich mit Brios de la Foriest Arsee und seiner Familie auf die Brücke, wo sie sich an dem Anblick der munter im Schloſsgraben spielenden Fische, des grünen Waldes und der lieblichen Wiesen ergötzen,[6]) und Brianz führt den König Artus mit seinem Gefolge in seinem Schlosse, auf den Wiesen und in den Gärten umher.[7]) Blieb der Gast mehrere Tage, so veranstaltete man ihm zu Ehren auch wohl Jagdpartieen und Reiterspiele.[8]) In der kalten Jahreszeit kehrte man nach dem Essen zu den behaglichen Plätzen am Kamin zurück und plauderte weiter jusqu'a l'eure du koucier.[9])

Diese Plauderei dauerte manchmal recht lange, bis nach Mitternacht, aber natürlich nicht länger, als es dem Gaste gefiel.

---

[1]) Durm. li G. 8246; 9228. — Perc. 32 049; 4498; 28 696; 15 551. — Méon, Nouv. Rec. I. p. 366. — Ren. de Mont. 168, 32. — [2]) De la royne qui oc. (Méon, Nouv. Rec.) 177. — Vgl. auch Perc. 16 575. — Perc. 15 557. — [3]) Cleom. 10 322. — Chev. as II. e. 4032. — Durm. li G. 6352. — Barb. et M. III. 425, 519; 426, 557. — Perc. 24 996; 36 634. — [4]) Perc. 32 058. — Viol. 526. — Perc. 30 086. — [5]) Chast. de C. 475; 734. — [6]) Perc. 24 678; 28 700. — [7]) Esc. 16 292. — Barb. et M. III. Le chev. qui f. p. l. c. 548. — [8]) Chev. au c. 3640. — Atre per. 4877. — [9]) Du vair Palefr. 527. — Brun de la M. 1826.

Sobald der Wirt an ihm das Bedürfnis nach Ruhe zu bemerken glaubte, gab er den Befehl, das Bett zu bereiten.[1])

In der Regel stellte man dem Fremden eins der im oberen Stockwerke gelegenen Zimmer [cambres[2]) oder loges[3])] zur Verfügung. Seltener wurde im grofsen Saal selbst ein Bett aufgeschlagen. Das kann weiter nicht überraschen, da der Saal überhaupt vielfach nicht nur als Wohn- und Efszimmer, sondern auch als Schlafzimmer benutzt wurde.[4])

Wie im ganzen Schlosse, so bemühte man sich, dem Gaste auch in diesem ihm angewiesenen Zimmer den Aufenthalt nach Möglichkeit angenehm und behaglich zu machen.

Das Zimmer selbst war kein Fremdenzimmer in unserem Sinne, klein, niedrig, unter dem Dache gelegen, überdürftig eingerichtet u. s. w.; es war vielmehr ein reiches, in vornehmen Burgen mit Marmor oder kostbaren Stoffen bekleidetes und dem Gaste zu Ehren mit Binsen und Blumen bestreutes, wohnliches Gemach, sowie man es bei der Hochschätzung, welche der Gast genofs, nicht anders erwarten kann.[5])

Von geradezu märchenhafter Pracht, mit Gold, edlen Steinen und herrlichen Malereien geschmückt, ist das Zimmer, welches Brianz des Illes dem König Artus zur Verfügung stellt.[6])

Das Bett entspricht in seiner Behaglichkeit und Ausstattung dem Zimmer. Der Rittersmann, welcher den ganzen Tag auf dem Pferde gesessen hatte, wäre auch wohl schon mit einem einfachen Lager, wie es z. B. ein Eremit bieten konnte, zufrieden gewesen. Aber in einem solchen Bette, wie die Dichter es uns bisweilen ausführlich beschreiben, zu ruhen, mufs einen ganz besonderen Genufs gewährt haben. Perc. 35 466: Et si vous di, au mien quidier, Que nus si rice lit ne vit Com cil u P. se gist; En une cambre lambroisie, De jons menuement joncie, Fu ricement faite la kouce U li bons P. se kouce En blans dras de lin delies; Se vous par tout le mont alies Ne trouvissies autresi biaus, D'un samit ouvret a labiaus Et par desour un couvretour; . . . II. rices

---

[1]) Cl. et L. 25 833. — Aiol 1195; 1809. — Durm. li G. 4077; 9877; 9815. — Chast. de C. 260; 507. — La Vie de St. Gile 2723. — Chev. as II. e. 8402; 8620. — Perc. 4514; 35 456. — [2]) Perc. 39 649. — [3]) Guil. d'Or. I. 1622. — [4]) Perc. 29 594; 30 433; 24 694. — Atre per. 1981. — [5]) Méon (Nouv. Rec.) I. 141, 470. — Bat. d'Al. 4360. — Karls Reise 419. — Aiol 2143. — Fergus 1199. — Vie de St.-Gile 2658. — Cl. et L. 3711; 12 432. — Perc. 35 469; 24 992. — [6]) Esc. 15 578; 15 747.

orelliers vermaus, Ot desour le kavec del lit. N'ot fust ne fier au caelit, Ains fu d'or et d'argent faitis, Et li pecoul furent faitis De main d'orfevre ricement A ymages menuement Et a oiseles entallies; . . . Li lis fu sour II. couces fais, Ja mais de plus bel n'ores mais Parler; . . . D'or masic estoient desus Les coupes d'or, tes ne vit nus; S'ot IIII. lionciaus trop rices, Li doi si sont de II. onices Et li autre de deus rubis; . . . Et les cordes furent d'argent De coi li lis fu encordes[1]). Wenn wir auch einiges davon als freie Erfindung, hervorgegangen aus dem Wunsche, die Zuhörer zu fesseln, streichen müssen, so dürfen wir doch nicht vergessen, welch' grofse Kunst man im Mittelalter thatsächlich auf die Anfertigung und Ausschmückung auch der allergewöhnlichsten Gebrauchsgegenstände verwandte.

Ein derartiges Bett, wie das eben beschriebene, konnte man natürlich nur in den vornehmsten Schlössern finden. Aber auch in einfacheren Burgen bezeichnen die Dichter das Bett, wenn sie es erwähnen, fast immer als reich[2]).

Unter Vorantritt Fackeln oder Kerzen tragender Bedienter begab sich der Gast, geleitet von dem Wirt, bisweilen auch von der Wirtin in sein Zimmer, wo er von den Dienern entkleidet wurde[3]).

Dafs Mädchen beim Ablegen der Rüstung, wie wir oben gesehen haben, behilflich waren, erschien schon als merkwürdig, dafs aber auch bei diesem Geschäfte des Entkleidens Mädchen, sogar die Herrin selber, die Stelle der Diener vertreten oder wenigstens zugegen sind, klingt fast unglaublich, umsomehr als der Gebrauch von Hemden oder anderer Kleidungsstücke während der Nacht als überflüssig betrachtet wurde. Und doch ist diese Sitte durch nicht wenige Stellen belegt[4]).

Zum Teil kann man sich diesen Mangel an Scheu aus der realistischeren Stellung, welche überhaupt das 12. und 13. Jahrhundert in Frankreich der Frau gegenüber einnahm[5]), zum Teil auch daraus erklären, dafs im Mittelalter die Franzosen noch

---

[1]) Blanc. et l'Org. 1553. — Karls Reise 425. — Aiol 2144. — [2]) Cl. et L. 25 839. — Méon, Nouv. Rec. I. 142, 479. — Perc. 36 354; 30 433; 28 754; 32 335. — Durm. li G. 4087. — Cl. et L. 974. — [3]) Blanc. et l'Org. 1568. — Perc. 38 285; 36 354; 30 436; 4528. — Durm. li G. 5366. — Aiol 2152. — Ferg. 1190. — Viol. 561. — Du Prestre et du ch. (Mont. Rec. gén.) 420. — [4]) Perc. 36 641. — Aiol 2152. — Cl. et L. 8612. — Du Prev. d'A. (Méon, Rec. II.) 199. — Blanc. et l'Org. 1568. — [5]) Ph. de Beaumanoir, Les Cout. de Beauv. (Gautier p. 350): Le mari ne doit battre sa femme que „resnablement“.

weniger als heute an Vorurteilen mit bezug auf den Verkehr der beiden Geschlechter kränkelten [1]). Viele der Frauen, welche uns in den altfranzösischen Romanen begegnen, hätten eine andere als realistische Auffassung auch nicht verdient. Wir haben ja bereits in der Lusiane, Tochter der Gräfin Ysabiaus, ein weibliches Wesen kennen gelernt, welche durch ihre Schamlosigkeit den armen Aiol geradezu in Verlegenheit bringt. Auch Saigremor fühlt sich beschämt, als die Dame dem Mädchen, welches ihn entkleidet, dabei hilft. [2]).

Das ist aber nicht der einzige Dienst, welcher dem Gaste von Frauen erwiesen wird. Eine andere Dienstleistung, wenn man überhaupt von einer solchen sprechen kann, die ausschliefslich von Mädchen verrichtet wird, ist die des viel umstrittenen „tastoner".

In der Bataille d'Aliscans kommt Aymeri seinem Sohne Guillaume d'Orange gegen die Sarazenen zu Hilfe. Als man sich nach dem Essen zur Ruhe begiebt, erzählt der Dichter, 4606: A Aymeri est son liz aprestez En une chambre ou moult avoit biautez: Toute nuit fu de Guiborc tastonez.

Was bedeutet dieses Verbum tastoner? Offenbar als Frequentativum zu taster ein wiederholtes Fühlen, Betasten, Begreifen. Godefroy in seinem Wörterbuch giebt es nur durch masser wieder, und P. Meyer (Romania, IV. 394) erklärt es ebenfalls als eine Art Massage, die man anwandte, um jemand einzuschläfern.

Pafst nun aber diese Bedeutung eigentlich hier recht? Mir kann's nicht scheinen. Erstens wäre die Operation etwas zu lange ausgedehnt (toute nuit) und würde dadurch ihren Zweck verfehlen, und dann leiden Helden wie Aymeri im allgemeinen nicht an überreizten Nerven mit sich daraus ergebender Schlaflosigkeit. Ich kann mir überhaupt nicht vorstellen, dafs jemand, der gesund und rüstig ist, und der, wie unsere Ritter, den Tag über im Sattel gesessen hat, irgend eines Schlafmittels bedürfe.

Wenn es sich übrigens thatsächlich bei dem Verbum tastoner um eine Massage handelte, müfste man es auch an anderen Stellen finden, wo höchst wahrscheinlich ein Massieren des Körpers in Verbindung mit andern hygienischen Mafsregeln, namentlich dem Bade, gemeint ist [3]). Als Mittel, welche man damals für geeignet

---

[1]) Es sei hierbei nur an die von A. Schultz (p. 470) angeführte Jagdscene aus Guillaume de Dole erinnert (Romvart 583, 29). — [2]) Siehe p. 70, Perc. 36 641 ff. — [3]) Vgl. dazu das von A. Schultz p. 224 angeführte: „Er wart an der selben stat gebadet und erstrichen wol."

hielt, den durch Anstrengungen aller Art geschwächten Körper wieder in den normalen, gesunden Zustand zu bringen, werden baigner, und zusammen damit, costeir, menoier, conreer, ventouser und saignier (dieses wird auch bei Pferden angewandt[1]), niemals aber, soweit meine Beobachtung reicht, tastoner erwähnt[2]).

Nun giebt es ja allerdings im fabliau „Du chevalier a la robe vermeille“ (Barb. et Méon, III. p. 277) eine Stelle, wo eine Frau ihren Gemahl eben in der Absicht so lange tastone, bis er einschläft. (156: La dame a tastoner l'aqueut Si souef que il s'endormi). Kann es sich hier aber um ein Massieren in der landläufigen Auffassung des Wortes handeln? Trotz P. Meyer glaube ich es nicht, heifst es doch vorher, 152: Et cil n'en fist onques daugier, Ainz s'est toz nus les li coulez, Si vous di qu'il fu acolez Et besiez deux tans qu'il ne seut, La dame a tastoner. . . . Man mufs vielmehr, die Ausdrücke acoler und baisier, ebenso wie die ganze Situation legen es nahe genug, an irgend welche erotischen Prozeduren denken.

Diese Erklärung ist Tobler (Auberi, p. 49) geneigt, dem Worte tastoner zu geben, und meiner Ansicht nach ist eine andere auch nicht zulässig.

Garselin, Auberi's Neffe, kommt in dem eben erwähnten Gedichte als Bote seines Oheims zu dessen Geliebten nach Arras. 49, 17: Ceste parole ont a itant laissie. Garselins veut manger, que que on die; Et on li a viande apareillie; . . . Cele nuit ot Garselins bele amie, Qui le tastone iusq'a l'aube esclairie; Et Garselins l'a volentiers ioie. Eine ähnliche Stelle findet sich im letzten Teile desselben Gedichts. Lambert von Oridon übergiebt seinem Gaste Auberi seine eigne Nichte mit den Worten: „Ceste vous voel enquenuit presenter; Se la voules par devers vous torner, Bien vous saura servir et tastoner.“

Es handelt sich in diesen Beispielen um eine Unsitte, welche darin besteht, dafs man dem Gaste als ganz besondere Ehrung ein Mädchen zur Nacht als amie zum servir, acoler, baisier etc. überliefs. Diese geradezu unglaubliche Sitte, die an orientalische Zustände erinnert und zum Teil vielleicht auch dort ihren Ursprung

---

[1]) Otinel 737. — Ren. de M. 126, 22. — Jub. Nouv. Rec. II. p. 24. — [2]) Rom. de Ronc. 366, 4. — Baud. de Seb. XII. 743. — Horn. et R. 3837 4954. — Baud. de C. II. p. 40, 1321. — Phil. Mousk. 4236; 21071. — Alex 315, 32. — Ren. de M. 95, 35; p. 96, 9. — Char. 6663. — Eust. le Moine 233. — Durm. li G. 5331. — Ogier l'Ard. 6982; 7291.

haben mag, ist durch eine ganze Anzahl Stellen mit Sicherheit zu belegen.[1])

Ähnliches mufs es auch in den Klöstern gegeben haben. Baudouin de Sebourc, als Mönch verkleidet, ist Gast im Kloster zu Saint-Amant. Nach dem Essen äufsert er sich dem Abte gegenüber, XVI. 65: „Chertes," dist Baudewins, „je voeil que me menes Veoir de vous nonnains qui ches chus ont lardes!" Quant li albes oi Baudewin, le gerrier, Si en commenche a rire; puis dist sans detrier: „Nous n'avons chi a val albie, ne monstier, La il i ait dames pour nous a resveillier; Mais a ches puchelletes qui l'erbes vont queillir, A chelles nous convient nous deduis apaisier. Cascuns n'a mie nonnes pour lui a soulatier." „Par Dieu," dist Baudewins, qui coer ot de priuchier, „Se fous fuissies venus a nou lieu herbegier, Je vous eusse fait avoir, a vo couchier, De la char de nonnain pour vous a donoier." „Chertes," che dist li albes, „je ferai tant trachier Que vous ares a nuit le fille no fournier."

In Verbindung mit diesen Thatsachen läfst sich die Prozedur des tastouer, im Auberi von einer pucelle bis an den Morgen ausgeführt, unmöglich mehr als eine Art Massage, als ein harmloses Einschläferungsmittel, wie auch Förster, Aiol 2159, behauptet, denken und bezeichnen, ganz abgesehen davon, dafs überhaupt schon die Anwesenheit eines jungen Mädchens im Zimmer eines Mannes während der Nacht auch den alten Franzosen, zum Teil wenigstens, mehr als bedenklich erschien.[2])

Ich meine, gerade die Stelle im Aiol ist deutlich wie keine andere. Lusiane, die Tochter der Gräfin Ysabiaus, in deren Hause der arme Aiol herzliche Aufnahme gefunden hat, bringt den Gast zu Bett, 2152: Aiol en apela, si li a dit: „Damoiseus, venes ent hui mais dormir." Par le puin le mena dessi al lit, Garins tient le candeile et sert del vin, Bien en ont andoi but par grant loisir; Puis le fist descauchier, nu desvestir, Et quant il se coucha, bien le covri, Douchement le tastoue por endormir. Il s'en torne et regarde et fait soupir, Onques mais gentil home ne vit servir; Car il avoit este el bos noris, Le deduit de puchele n'ot pas

---

[1]) Gér de Res. 319, 32; 320, 11; 334, 22. — Le chev. qui fais. p. l. c. (B. et M. III.) 584. — Mes. Gav. ou la veng. 3676. — Vgl. auch das oben mehrfach erwähnte Beispiel des Chev. a l'espee (Méon, Nouv. Rec. I.), der dem Gaste seine eigene Tochter giebt. — Chev. as II. e. 4879. — Blanc. et l'org. 1568. — Auberi p. 25, 32. — [2]) Chev. as II. e. 8418. — Perc. 3144; 3174.

apris . . . Mais bele Lusiane bien le servi, Autresi se contient con s'il fust pris. Douchement le tastone la damoisele, Ele li mist la main a la maiselle, Oies confaitement ele l'apele: „Car vos tornes vers moi, jovente bele! Se vous voles baisier n'autre ju faire, J'ai tres bien en talent que je vous serve! Si m'ait dieus del ciel, je sui pucele, Si n'euc onques ami en nule tere; Mais moi vient en penser, vostre voil estre, S'il vous vient a plaisir que je vous serve.“ Aiol bedankt sich . . . li rois chelestes . . . Vous merisse les biens que vous me fetes! Car vous couchies hui mais, bien en est termes, Laiens en vostre cambre o vos pucheles . . . La puchele s'en torne toute dolante Et a laisiet Aiol dedens la cambre. Am nächsten Morgen erfährt er, dafs Lusiane eine nahe Verwandte von ihm ist, und nun dankt er Gott, dafs er ihn vor einer Sünde bewahrt, 2274: „Que Lusiane m'ot pres escarni, Ersoir se vaut couchier ensamble mi.“ Unter diesen Umständen glaube ich ebensowenig, wie vermutlich die bele Lusiane geglaubt hat, an eine einschläfernde Wirkung des tastoner.

Nur eine Deutung im ungünstigen Sinne läfst auch, aufser der von Tobler und Godefroy angeführten Stelle im Charroi de Nimes, eine Stelle im Fergus zu. Dieser Held hat einen Riesen erschlagen, welcher auf seiner Burg 2 puceles gefangen hält, 4627: Amont el maistre pavement Trove deus puceles seant, Qui grant dol aloient faissant Por deus chevaliers lors amis, Que li jaians avoit ocis Le soir devant a l'avesprer A eles se fait tastonner Li fius al satanas pullent . . . Anbesdeus li chaient au pie Les puceles tot en plorant, Et dient que d'ore en avant Le serviront lor eage, Se il les jete del hontage Qui aparillies lor estoit.

Dafs es sich bei dem tastoner weit mehr um ein vielfach unzüchtiges caresser als um ein masser handelt, wird weiter erwiesen durch einige Stellen im fabliau vom Duc Malaquin (Méon, Nouv. Rec.). Der sarazenische Herzog Malaquin d'Estree will die vielgerühmte Heiligkeit eines Eremiten auf die Probe stellen. Er nimmt ihn mit sich in seinen Palast und setzt ihn argen Versuchungen aus, 175: Li dux prist une seue acointe, Bele, joenete, simple et cointe, Si li envoia por avoir S'il vodroit de sa char avoir. De li souprendre se pena, Devant li son biau chief pina Sovent remuoit sa toele Por sa crine qu'ele avoit bele: Les mains, le chief li tastonnoit, Grant semblant d'amor li mostroit. Der erste Versuch, den Eremiten zu verführen, schlägt fehl. Der Herzog schickt eine andere Schöne, 290: Delez l'Ermite toute nue La fist couchier . . . 295: Cele qui bien sot son mestier, Et qui son fet sot esploitier, Le preudomme ala tastonnant Et de parole bastonnant Et li dist: homme, pou savez Quant tel fame si pres avez Et vos n'en fetes vostre amie; . . . Tant l'ala cele sermonnant, Et ces mains ca et la menant, Que li preudom fu si seurpris Qu'a po qu'il ne se rendoit pris: Cele qui devant lui s'estut, Tant l'eschaufa et tant l'esmut Par besier et par acoler, Qu'au fere se voloit donner.

Ebenso deutlich und häfslich erscheint dieser Sinn im Conte de Folle Largece (Phil. de Remi). Einem Manne, welcher mit Salz handelt, geht es sehr schlecht, 77: Le jour oirre pour sa besoigne, Mais la nuit encor plus ressoigne Pour le grant anui c'on li fait; Car sa fame les lui se trait, Qui demeure a l'ostel a aise Et ki peu sent de sa mesaise. Si l'esvoille et si le tastonne Tant l'esmuet et si le tisonne, Comment que au preudome anuit, Qu'il veille dusk'a mie nuit Pour sa femme a son gre servir. Et vers le jour quant veut dormir, Si li dist: „Or sus, mon ami, Souvent vous voi trop endormi. Foi que je doi au roi celestre, Deus lieues loing deussies estre; Mais hui de jours ne venres pas Se vous n'ales plus que le pas.“

Neben dem Verbum tastoner kommt auch das einfache taster in derselben ungünstigen Bedeutung vor. De la royne qui ocist son senesch. (Méon, Nouv. Rec.) 374: Car qant ce vint a l'anuitier, Cele avec le roi se coucha, Ensi le decut et tricha, Et lui ele tant la tasta Qüe son pucelage emporta.

Dame Ermengars (De Jouglet, Mont. IV. p. 112) beklagt sich über ihren jungen Gatten, 134: „Lasse, fet ele, com me poise De ce nice, de ce musart; Moult li deust ore estre tart Qu'il m'acolast et me besast, Et q'o tel fame s'aaisast Com je sui et de tel afere; Mes il ne set que l'en doit fere: Il ne me taste ne manie. Por la char Dieu, com sui honi Quant cis vilains gist delez mi!“

Zum Schlusse will ich noch bemerken, dafs taster selbst einmal in ganz unzweideutigem Sinne als eine harmlose, wohlthuende, mit der Massage vielleicht zu vergleichende Manipulation gebraucht wird. Du prestre et du chevalier (Mont. Rec. gen.) 420: Dont se sont leve tout ensamble, La maisnie, ci com moi samble, Pour lui servir et descauchier, Qui dont le veist encauchier De lui servir et honnour faire, Ne li peust de riens mesplaire; Cius le descauche, chius le grate, chius le soustient, et chius le taste. Ensi li font tout son plaisir. Aber als Einschläferungsmittel kann ich es auch hier nicht, wie Förster will, auffassen.

Vor dem Schlafengehen that man häufig noch einen Trunk. A. Schultz, p. 436, glaubt nicht an die Sitte des Schlaftrunkes im Alten Frankreich, da er nur eine Stelle gefunden hat, die ihn erwähnt; Du prestre et du chevalier (Mont. Rec. gén.), 429: Accompli li ont son desir, Tant qu'il l'orent muchie ou lit, Qu'il orent fait bel et delit. Quant couchie l'ont isnelement Si ne targierent de nient, Ains aportent le vermeil vin, Si but entre les dras de lin.

Ich habe aufser dieser auch keine andere Stelle gefunden, an welcher der Ritter im Bette noch einmal trinkt. Kann man das aber nicht als einen Schlaftrunk bezeichnen, wenn es heifst (Doon de M. 5692): Quant il veulent couchier, le vin ont demande, Et Waudri leur en a du meilleur aporte. Puis se couchent en pes.[1])

Der Herr überzeugte sich dann vielleicht noch, ob sein Gast auch ordentlich zugedeckt war, darunter verstand man nach den damaligen hygienischen Vorstellungen auch das Bedecken des Kopfes, dann überliefs man ihn mit dem gewöhnlichen Scheidegrufse „A Dieu" der Ruhe[2]).

Unsere jugendlichen Helden sind Frühaufsteher, car c'est coustume à baceler (wie ich, Chast. de Coucy, 265, lieber lesen möchte statt: car cest coustume a baceler). Der Thatendrang läfst ihnen keine Ruhe[3]). Kaum dringt der erste bleiche Schein des werdenden Tages durch die kleinen Fenster ins Gemach[4]), kaum verkündet der Schrei des Hahnes oder das Horn des Wächters auf dem Turme den Burgbewohnern, dafs die Nacht mit ihrer Ruhe vorbei ist und das Leben wieder beginnt[5]), da springt er aus dem Bett, verrichtet schnell sein Morgengebet[6]) und beginnt, sich anzukleiden, noch ehe vielleicht die Diener, welche ihm dabei behilflich sein sollen, erschienen sind[7]). Als Gavain beim

[1]) Cleom. 9846. — Biaus Desc. 2714. — Karls Reise 435. — Durm. li Gal. 5366. — Aiol 2152. — Vie de St. Gile 2731. — Mes. Gav. ou la veng. 2541. — Perc. 24 692. — Barb. et M. III. (Le chev. qui fais parl. . . .) 566. — [2]) Perc. 36 668; 36 389. — Du prestre et du chev. (Mont. Rec. gén.) 436. — Aiol 2157. — [3]) Perc. 5542. — [4]) Perc. 8856; 15 561; 16 611. — Chast. de C. 333. — Durm. li G. 4112; 3325. — Ren. de M. 133, 32. — Mes. Gav. ou la veng. 3976. — Dol. 2421. — Rom. de Ronc 372, 1. — Chev. as II. e. 4037; 2626. — Blanc. et l'Org. 466. — [5]) Baud. de C. III, p. 19, 10. — Mes. Gav. ou la veng. 2548. — Perc. 35 508. — [6]) Aiol 1812. — [7]) Perc. 35 510; 4539.

Ruf des Turmwächters erwacht, ist es in seinem Zimmer noch so dunkel, dafs die Diener sogar die Lichter anzünden müssen [1]).

Während die Knappen, welche beim Eintreten natürlich dem Gaste den Morgengrufs geboten haben, „Et boin jor et boine aventure Vos doinst cil qui en sa faiture Forma premiers Adan et Eve!“ (Perc. 35 515) noch damit beschäftigt sind, ihm die Rüstung anzulegen, erscheint auch der Herr oder die Herrin [2]). Nach gegenseitiger, mitunter recht poetischer Begrüfsung (Perc. 28 802: De Dieu qui fait la flor novele Et l'erbe verde croistre el pre, Out le chevalier salue [3]) geht man, falls irgend Gelegenheit dazu vorhanden ist, sei es, dafs eine Kapelle in der Nähe liegt oder dafs ein Priester auf dem Schlosse selbst gehalten wird, zunächst in die Messe [4]).

Inzwischen wird aber schon das Pferd des Fremden zur Ausfahrt zurecht gemacht. Vergeblich bittet ihn der Wirt, er möchte doch noch ein paar Tage, nur noch einen Tag bleiben [5]); oft vermag er auch nicht einmal dazu ihn zu bewegen, mit dem Aufbruch wenigstens bis zum Frühstück zu warten [6]). Der Durst nach Abenteuern drängt alle anderen Bedürfnisse zurück. Es bleibt dem Wirte nichts weiter übrig, als wenigstens den Wunsch und die Hoffnung auszusprechen, er möchte, wenn er zurückkommt, wieder bei ihm einkehren [7]).

Nach Worten des Dankes für die erwiesene Ehre und Gastfreundschaft schwingt sich der Fremde aufs Pferd, welches die Diener auf dem Hofe bereit gehalten haben, und mit der Versicherung, dafs er jederzeit gern bereit sei, die ihm erwiesenen Wohlthaten zu vergelten, befiehlt er sie Gott und reitet davon [8]).

---

[1]) Mes. Gav. ou la veng. 2548. — [2]) Perc. 35 524; 28 772; 38 290; 36 674; 2787; 41 656. — Mes. Gavain ou la veng. 2559. — Durm. li G. 11 981. — [3]) Perc. 23 665. — [4]) Durm. li G. 9883; 1562. — Perc. 38 300; 36 691. — Ger. de Ros. p. 320. — [5]) Perc. 35 530; 29 614; 29 661; 2763; 3075; 23 620; 32 774. — B. et M. III. Le chev. qui fais. parl. 539. — Cl. et L. 4287. — Gav. ou la veng. 2566. — Durm. li G. 4080. — [6]) Perc. 24 707. — Chev. as II. e. 8642. — Aiol dagegen wird erst von seinem Wirte gespeist, ehe er aufbricht 1255. — [7]) Ferg. 2016; 2023. — Baud. de C. II. 209, 1313. — Atre per. 5404. — [8]) Perc. 35 530; 29 649; 24 394, 32 790, 36 442, 37 680, 41 908. — Chev. as II. e. 8685. — Durm. li G. 9327. — Baud. de S. IX. 762; 769. — Ähnliche Stellen: Chast. de C. 737. — Viol. 686. — Chev. au cygne I. 6939. — Cl. et L. 10 502. — Durm. li G. 9295 etc. etc.

Freunde und Verwandte umarmen und küssen sich beim Abschiede ebenso wie bei der Ankunft[1]). Aiol und sein Wirt, der Bürger Gautier, küssen sich zwar auch, als sie sich Lebewohl sagen, aber wir müssen bedenken, dafs beide tief ergriffen sind. Der Wirt ist gerührt durch die jammervolle Lage des armen Burschen, welchen er durch die Stadt geleitet, damit er nicht wieder wie beim Einzuge von den Leuten verhöhnt werde, und Aiol ist übervoll von Dank für die edle Freigebigkeit und das hochherzige Mitgefühl seines Wirtes, der ihn nicht nur bei sich aufgenommen, sondern ihm auch noch beim Abschiede einen Ring überläfst, 1260: Et li borgois fu sages et apenses, Sor I. boin palefroi en est montes, Son escu et sa lance li a porte, Des gas et de la vile l'a fors jete. III. lieues le convoie tout de son gre, Dont l'apela li ostes par sa bonte: „Damoiseus de boin aire, vous en ires, A damelde de gloire soit commandes Tes cors et ta proeche et ta bontes! Vous en ires mout seus et esgares Et mout poures de dras et desnues; Certes j'en ai mon ceur mout adole. Tenes chest anel d'or par carite, Se besoinge vous croist ne povertes, Sel poes metre en gage a vostre ostel.“ Aiol antwortet: „Beneoite soit l'ame de damelde Qui vous aprist a faire tel largete. Or vous plevige bien ma loiaute Que se Jesus franc home me laist trover Qui voille mon serviche rechoivre en gre, Cheste honor vous ferai gueredoner.“ Mout douchement le baisse al desevrer, A dieu de sainte gloire l'a commande. Dont s'en torna Aiols.

Dies ist das schönste, aber nicht das einzige Beispiel für die Bereitwilligkeit des Wirtes, noch über die Mauern seines Hauses hinaus sich dem Gaste durch Geschenke freundlich zu erweisen oder ihm Beistand und Hilfe zu leisten[2]).

Es kommt auch vor, dafs der Fremde fortziehen mufs, bevor noch der Herr und die anderen Mitglieder der Familie aufgestanden sind. Weifs er das vorher, dann verabschiedet er sich bereits am Abend vorher[3]), sonst beauftragt er die ihn bedienenden Knappen, ihn der Herrschaft zu empfehlen[4]).

---

[1]) Phil. Mousk. 9332. — Am. et Am. 584; 2033. — Gauf. 5240. — Gilles de Ch. 2090. — Aiol 6532; 6548. — [2]) Aiol 1244. — Viol. 2482. — Baud. de Seb. IX. 777. — Perc. 2789; 44 822. — Berte a. g. p. 242. — Chev. au c. II. 3655. — Durm. li G. 9246. — Atre per. 2005. — [3]) Chast. de C. 734. — [4]) Durm. li G. 4117. — Cleom. 10 819.

Da die fahrenden Helden der Artus- und Abenteurerromane meist kein bestimmtes Ziel vor sich haben [1]), brauchen sie sich nicht um den einzuschlagenden Weg zu kümmern. Trotzdem giebt ihnen der Burgherr oft eine Strecke, eine, zwei auch mehr Meilen das Geleit. Wenigstens aber begleitet er seinen Gast zum Schlosse hinaus. Chev. as II. e. 10 414: La dame retenir nes puet, Si lor donne, mais moult l'en poise; Ele monte comme courtoise Et ses gens et si les convoie Grant piece; il aqueillent lor voie, S'ont la dame a diu commandee, Ne il n'ont voie demandee, Ains se mettent en aventure En la forest [2]).

Dieses Geleit fällt bei einem Boten, welcher eine freche Herausforderung überbracht hat, natürlich fort; Chev. as II. espees, 295: Et se met mout tost a la voie. Nus de laiens ne le convoie, Ce sacies, ne ne va apres, Ains dient tuit ke onques mes Ne manda nus a si haut roi Si grant orguel ne tel desroi Ne si a amender fesist.

Wenn sich Angehörige des ritterlichen Standes unterwegs begegneten, begrüſsten sie sich, wie es sich geziemt, und wie auch der alte Doon seinen Sohn lehrt als dieser in die Fremde hinauszieht; 2441: „Salue toutes gens, quant les encontreras.“ Der Gruſs hatte gewöhnlich die bekannte, einfache Form „Biaus sire, bien veignies“ oder ähnlich [3]). Seltener wird man sich gegenseitig mit solch' langen Reden, wie sie sich Perceval und Brios de la Foriest Arsee halten [4]), überschüttet haben. Man fragte weiter nach dem Namen, Heimat und Ziel der Reise des andern, schloſs sich auch wohl zur Unterstützung oder zu gemeinsamer Unternehmung an einander an [5]).

So zogen die edlen Herren, nach Percevals eigenem Zeugnis [6]), unter beständigen Entbehrungen und Gefahren im Lande umher [7]), fanatische Verfolger ihrer Ideale, welche ihnen als Ruhm und Auszeichnung im Waffenhandwerk vorschwebten, aber auch, wir

---

[1]) Torn. Anticr. 68. — Erec 2750. — [2]) Cl. et L. 3285; 3545; 26 537. — Chev. as II. e. 8654; 8685; 2360. — Amis et A. 584; 1860. — Auberi p. 58, 1. Perc. 22 965; 30 489. — Og. l'Ard. 4598; 4602. — Gaufrey 7838. — Gilles de Ch. 1247, 2085. — Vie de St. Gile 3234. — Chev. au c. II. 780. — Dol. 10 957; 2426. — Jourd. de Bl. 3581. — Gaufr. 5240. — Chev. au c. II. 3667. — Perc. 33 285. — [3]) Aiol 1543. — Gaufrey 7985. — Floor. 983. — Chev. as II. e. 2777; 3588. — Elie de St. Gile 1075. — [4]) Perc. 28 499. — [5]) Chev. as II. e. 9405. — Part. de B. 7790. — [6]) Perc. 35 335. — [7]) Rich. li B. 1835. — Mes. Gav. ou la veng. 6117.

erinnern uns der Worte des Philippe de Remi und des anziehenden, lebenswahren Urbildes aller fahrenden Ritter, des Aiol, auf der Jagd nach Ehren und Gewinn [1]). Von Fortunas Laune geführt, sonnten sie sich bald im Glanze des Reichtums und des Glücks, bald, wenn nach langer kriegs- und turnierloser Zeit alles verzehrt, Pferde, Gewänder, Pelzwerk und Schmucksachen verpfändet waren, hielten sie sich bescheiden in irgend einem Winkel versteckt [2]), so bescheiden und heruntergekommen bisweilen, dafs sie es, wie Richars li Biaus, garnicht mehr wagen konnten, am Hofe eines Grofsen zu erscheinen [3]).

Dazu waren sie als christliche Ritter, wenn sie auch in der Praxis trotz Aiols Versicherung: „Dame, che dist Aiols, li cors Jesu, Je n'ai autre garant certes que lui. Qui mal me vaura faire, tous sui segurs“ (2083), mehr Vertrauen auf ihre eigene Geschicklichkeit und Kraft, ihre trefflichen Waffen und ihren bon destrier als auf Gott und die Heiligen setzten, stets und überall bereit, Ungerechtigkeiten abzustellen und den Bedrängten und unschuldig Leidenden, namentlich Frauen, in ihrer Not beizustehen. Das war nach dem Rittergelübde ihre Pflicht, welche sie auch in selbstloser Weise, ohne Entgelt, erfüllten, abgesehen natürlich davon, dafs bisweilen die von einem bösen Peiniger befreite Schöne sie mit ihrer Liebe belohnt [4]), oder dafs man ihnen für ihre beschädigten Waffen neue verehrt [5]).

Schliefslich aber hatte auch der Unermüdlichste und Tapferste das Bedürfnis nach Ruhe und den Wunsch, die Seinen wiederzusehen. In den meisten Fällen benachrichtigte ein vorausgeschickter Bote sie von der Ankunft des Gatten, Sohnes oder Bruders. Frohen Herzens eilte man dem so lange Abwesenden entgegen und schlofs ihn unter Thränen und Küssen in die Arme. Raoul de Cambrai, 8164: Berniers se painne durement del venir. De ses jornees ne sai conte tenir; En XV. jors revint en son pais. Avant envoie I. messaige qui dit Qu'il revenoit sains et saus et garis. Li messaigiers a sa voie aqueullie. A Sain Quentin s'an est venus a prime; Trova la dame en la sale perine Ou elle pleure et tient la teste encline. Li messaigiers li commensa a dire: „Cis

[1]) Part. de B. 7829. — Aiol 533. — [2]) B. et M. III. 410, 39. — Du prestre et du chev. siehe p. 33, Akg. 7. — Rich. li B. 1301; 1323. — [3]) Rich. li B. 1904. — [4]) Gahariet, Gavain's Bruder, erhält bei der schönen damoiselle auf Ydain's Schlofs den Lohn im voraus. Mes. Gav. ou la veng. 3784. — [5]) Cl. et L. 2310. — Perc. 39 729. — Perc. 38 521.

Damrediex qui fu nes de la virge, Cil vous saut, dame, et ait prise en baillie, De par B. a la chiere hardie Qui ci revient d'Espaingne la garnie; O lui amainne son fil de conpaignie: C'est Juliien que pieca ne veistes." La dame l'oit, molt en fu esjoie. Elle desfuble sont mantel d'Aumarie, Au messaigier le done en baillie. La dame ert saige et s'ert de sens garnie; Elle an apelle son chanbrelain Elie: „Garde tost soit ceste ville joinchie, Et portendue de soie d'Aumarie." Geschmückt reitet sie ihrem Gatten entgegen. La jantil dame fu molt de sens garnie; Descendue est del mulet de Surie; Et de ce fist B. cortoisie Que descendi del destrier d'Orquennie, Sa feme acole, si l'a III. fois baissie, Et elle lui, car molt fu esjoie. . . . „Biax fix, dist elle, bien soies vous troves" [1]).

Allein die Ruhe dauerte nicht lange. Gefahren und Kämpfe zum eignen Ruhm, aber auch im Dienste der Menschheit sind das Lebenselement dieser Edlen [2]), und dadurch bilden sie das natürliche Gegengewicht gegen die Willkür und Gesetzlosigkeit ihrer Zeit, so lange freilich nur, bis eine strenger geregelte Staatsordnung ihre Thätigkeit überflüssig und sie selbst zur Karrikatur (Don Quichote) machte.

---

[1]) Chev. as II. e. 2486; 2508. — Cleom. 14782. — Raoul de C. 7120. — Atre per. 6538. — [2]) Erec 2532.

In vorstehender Arbeit finden sich Anführungen aus folgenden Werken:

Aiol et Mirabel und Elie de St. Gile ... hrsgb. v. Förster, Heilbronn 1876—82.
Aliscans . . . p. p. Guessard et de Montaiglon, Paris 1870.
Alixandre (Le Roman d') . . . hrsgb. v. Michelant, Stuttgart 1846.
Altfranz. Lieder . . . v. Mätzner, Berlin 1853.
Amadas et Ydoine . . . p. p. Hippeau, Paris 1863.
Amis et Amiles und Jourdains de Blaivies, hrsgb. v. Hofmann, Erlangen 1852.
Atre per. Der gefahrvolle Kirchhof. Herrigs Archiv XLII.
Auberi. Tobler, Mitteilungen aus altfrz. Handschr., Leipzig 1870.
Auberon, hrsgb. in den Complementi della Chanson d'Huon de Bordeaux.
Aye d'Avignon . . . p. p. Guessard et Meyer, Paris 1861.
Barbazan u. Méon, Fabliaux et Contes, Paris 1808.
Bauduin (Li Roman de) de Sebourc, Valenciennes 1841.
Baudouin de Condé . . . p. p. Scheler, Bruxelles 1866—67.
Bel Inconnu (Le) . . . p. p. Hippeau, Paris 1860.
Berte (Li Roumans de) aus grans pies . . . p. p. Scheler, Bruxelles 1874.
Blancandin et l'Orgueilleuse D'Amour . . . p. p. Michelant, Paris 1867.
Branche des Royaux Lignages . . . p. p. Buchon, Paris 1827.
Brun de la Montagne . . . p. p. P. Meyer, Paris 1875.
Brut (Der Münchener), hrsgb. v. Hofmann u. Vollmöller, Halle 1877.
Chanson des Saxons . . . p. p. Michel, Paris 1839.
Charrette (Li Romans de la) . . . In Roman van Lancelot . . . uitgeg. door Jonckbloet, 's Gravenhage 1846.
Chastelain de Coucy . . . p. p. Crapelet, Paris 1829.
Chevalier au cygne . . . p. p. Hippeau, Paris 1874.
Chevalier au lyon . . . hrsgb. v. Holland, Braunschweig 1886.
Chevaliers as deus espees . . . hrsgb. v. Förster, Halle 1877.
Chronique des ducs de Normandie . . . p. p. Michel, Paris 1836—44.
Claris et Laris . . . hrsgb. v. Alton, Tübingen 1884.
Cleomades . . . p. p. van Hasselt, Buxelles 1865.
Cliges . . . hrsgb. v. Förster, Halle 1884.
Comte d'Artois . . . p. p. Barrois, Paris 1837.
Conqueste de la Bretagne . . . p. p. Jouon des Longrais, Nantes 1880.
Conquête de Constantinople . . . p. p. de Wailly, Paris 1872.
Coronemens Looys. In Guillaume d'Orange . . . p. p. Jonckbloet, La Haye 1854.
Coutumes de Beauvoisis . . . p. p. le comte de Beugnot, Paris 1842.
Dolopathos . . . p. p. Brunet et de Montaiglon, Paris 1856.
Doon de Maience . . . p. p. Pey, Paris 1859.
Durmart le Galois . . . hrsgb. v. Stengel, Stuttgart 1873.
Eles (Li Romans des) . . . p. p. Scheler, Bruxelles 1868.
Enfances Ogier . . . p. p. Scheler, Bruxelles 1874.
Erec u. Enide in Zs. f. d. A. X.
Escanor . . . hrsgb. v. Michelant.
Eustache le Moine . . . p. p. Michel, Paris 1834.
Fergus . . . hrsgb. v. Martin, Halle 1872.

Fierabras . . . p. p. Kroeber et Servois, Paris 1860.
Floovant . . . p. p. Michelant et Guessard (Anc. poètes de la Fr.).
Flore und Blanceflor . . . hrsgb. v. Bekker, Berlin 1844.
Foulque de Candie p. Herbert le Duc. Reims 1860.
Fournier, Histoire des Enseignes de Paris. Paris 1884.
Gaufrey . . . p. p. Guessard et Chabaille, Paris 1859.
Gautier, La Chevalerie, Paris 1895.
Gauvain (Messire) ou la Vengeance de Raguidel . . . p. p. Hippeau, Paris 1862.
Gaydon . . . p. p. Guessard et Luce, Paris 1862.
Gilles de Chin . . . hrsgb. v. Reiffenberg, 1847.
Girard de Rossillon . . . p. p. Mignard, Paris 1858.
Gui de Bourgogne . . . p. p. Guessard et Michelant, Paris 1858.
Gui de Nanteuil . . . p. p. Meyer, 1861.
Guillaume d'Angleterre . . . p. p. Michel, Rouen 1840.
Guillaume d'Orange, siehe Cor. Looys.
Guillaume de Palerme . . . p. p. Michelant, Paris 1876.
Havelock (Lai d'), ed. by Wright, London 1850.
Histoire des ducs de Norm. et des Rois d'Angl. . . . p. p. Michel, Paris 1840.
Horn et Rimenhild . . . p. p. Michel, Paris 1845.
Hugues Capet . . . p. p. La Grange, Paris 1864.
Huon de Bordeaux . . . p. p. Guessard et Grandmaison, Paris 1860.
Joseph von Arimathia . . . hrsgb. v. Weidner, Oppeln 1881.
Joufrois . . . hrsgb. v. Hofmann u. Muncker, Halle 1880.
Jubinal, Jongleurs et Trouvères . . . Paris 1835.
- Nouv. Rec. de Contes, Dits, Fabliaux, Paris 1839.
Karls des Grofsen Reise nach Jerus., hrsgb. v. Koschwitz, Heilbronn 1883.
La Curne de Sainte-Palaye, Mémoires sur l'anc. chevalerie, Paris 1759.
Lais der Marie de France . . . hrsgb. v. Warnke, Halle 1885.
Macaire . . . p. p. Guessard (Anc. poètes de la Fr.).
Manekine (La) . . . p. p. Suchier, Paris 1884.
Méon, Nouv. Rec. de fabliaux et contes, Paris 1823.
Meraugis de Portlesguez . . . hrsgb. v. Friedwagner, Halle 1897.
Michel et Fournier, Hist. des Hôtelleries, Cabarets, Courtilles . . . Paris 1859.
Moniage Guillaume . . . Abhandlg. der I. Kl. d. Kgl. Bayr. Akad. d. W. VI. Bd. III v. Konr. Hoffmann.
Montaiglon (et Raynaud) Rec. gén. et compl. des Fabliaux, Paris 1872—83.
Mort Aymeri de Narbonne . . . p. p. Couraye du Parc (Soc. des anc. t. fr.).
Nouvelles franç. en prose du XIIIe siècle . . . p. p. Moland et d'Héricault, Paris 1856.
Octavian, hrsgb. v. Vollmöller, Heilbronn 1883 (Förster, Afrz. Bibl. III).
Ogier de Danemarche (La Chevalerie) . . . p. p. Barrois, Paris 1842.
Otinel . . . p. p. Guessard et Michelant.
Parise la Duchesse . . . p. p. Guessard et Larchey, Paris 1860.
Partonopeus de Blois . . . p. p. Crapelet, Paris 1834.
Perceval le Gallois . . . p. p. Potvin, Mons 1865—71.
Phil. Mouskes (Chronique rimée de) . . . p. p. Reiffenberg, Bruxelles 1836—38.
Prise de Pampelune, hrsgb. in den afrz. Ged. von Musafia, Wien 1884.
Raoul de Cambrai . . . p. p. Meyer et Longnon, Paris 1882.

Récits d'un ménestrel de Reims . . . p. p. Wailly, Paris 1876.
Règlements sur les arts et métiers de Paris . . . p. p. Depping, Paris 1837.
Renaus de Montauban . . . hrsgb. v. Michelant, Stuttgart 1862.
Richars li Biaus . . . hrsgb. v. Förster, Wien 1874.
Saint Gilles (La Vie de) , . . p. p. G. Paris et Bos, Paris 1881.
Schultz, Alwin: Das höf. Leben z. Z. d. Minnes., Leipzig, 2. Aufl. 1889.
Tornoiemenz, Antecrit . . . hrsgb. v. Wimmer, Marburg 1888.
Violet-le-Duc: Dictionnaire rais. du mobilier franç., Paris 1868—75.
Violette (Roman de la) . . . p. p. Michel, Paris 1834.
Waces (Maistre) Roman de Rou et des ducs de Norm. . . . hrsgb. v. Andresen, Heilbronn 1877—79.